세바퀴 음악이론

평가문제 ①

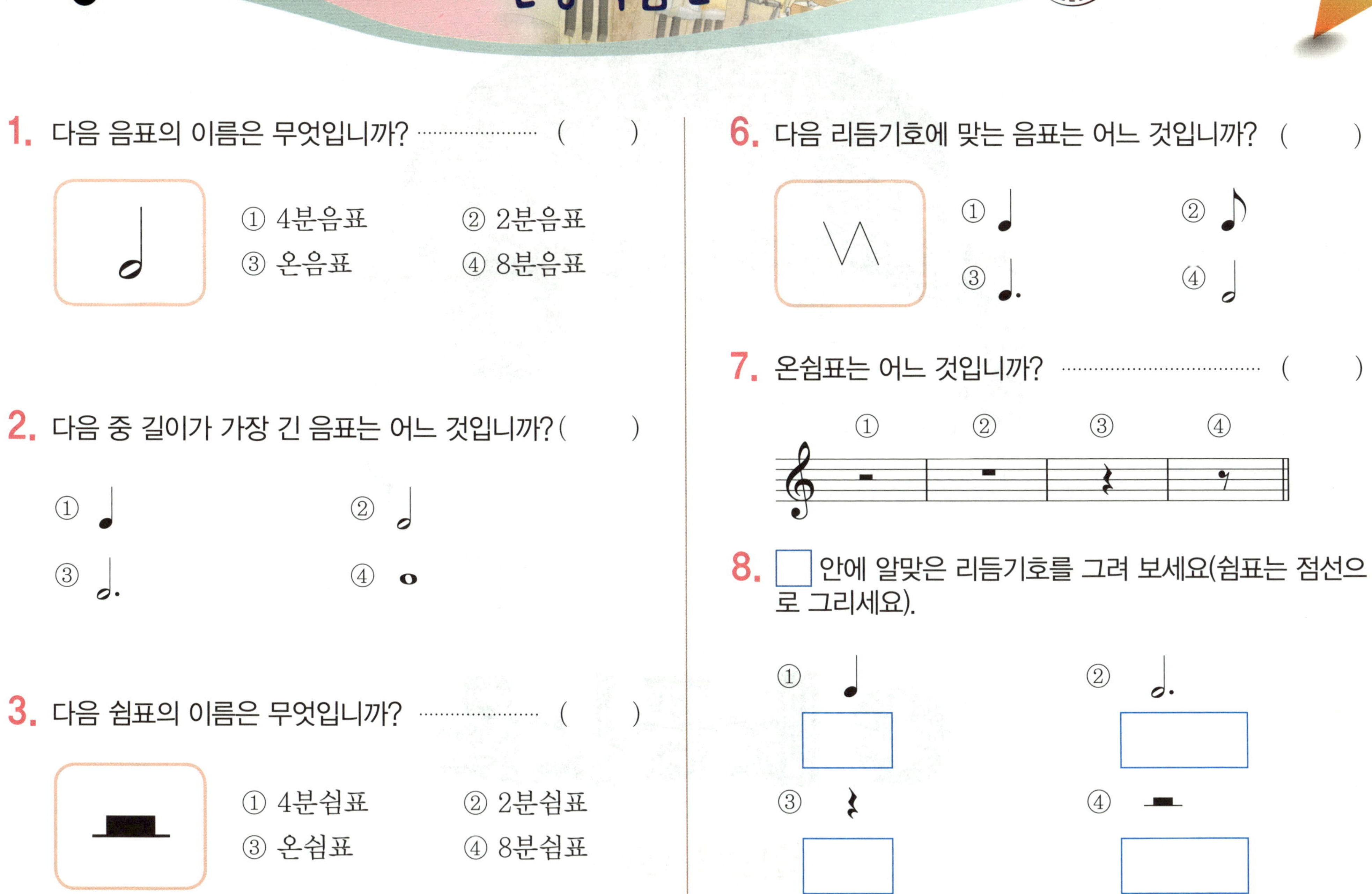

1. 다음 음표의 이름은 무엇입니까? ·················· (   )

① 4분음표   ② 2분음표
③ 온음표   ④ 8분음표

2. 다음 중 길이가 가장 긴 음표는 어느 것입니까? (   )

①   ②
③   ④

3. 다음 쉼표의 이름은 무엇입니까? ·················· (   )

① 4분쉼표   ② 2분쉼표
③ 온쉼표   ④ 8분쉼표

6. 다음 리듬기호에 맞는 음표는 어느 것입니까? (   )

①   ②
③   ④

7. 온쉼표는 어느 것입니까? ·················· (   )

①   ②   ③   ④

8. ☐ 안에 알맞은 리듬기호를 그려 보세요(쉼표는 점선으로 그리세요).

①   ②
③   ④

4. 다음 음표에 알맞은 리듬기호는 어느 것입니까?（　　　）

① V　　　② VV

③ VVV　　④ \

5. 맞는 것끼리 줄로 이어 보세요.

① 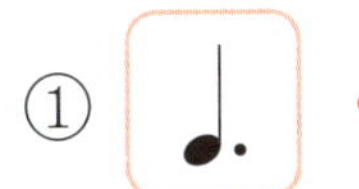 ・　　　　・ ㉠ 

②  ・　　　　・ ㉡ 

③  ・　　　　・ ㉢ 

9. ☐ 안에 알맞은 음표나 쉼표를 그려 보세요.

① ♩ + ♩ = ☐　　② ♪ + ♪ = ☐

　 V　V　 VV　　　　\　/　 V

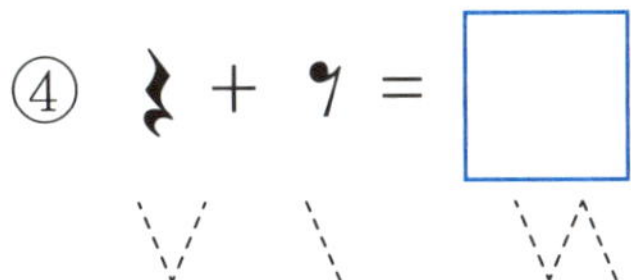

③ ♩ + ♩ = ☐　　④ ⅜ + ⅞ = ☐

　 V　V　 VV　　　　\　\　 VV

10. 맞는 것끼리 줄로 이어 보세요.

①  ・　　　・ ㉠  VV /

②  ・　　　・ ㉡ \ /

도우미

음표		쉼표		음표와 쉼표의 리듬기호	점4분음표와 8분음표
♩ 4분음표	1박	↑ 4분쉼표	1박		♩. 점4분음표 1박 반
♩ 2분음표	2박	― 2분쉼표	2박		♪ 8분음표 반박
♩. 점2분음표	3박	― 점2분쉼표	3박		
o 온음표	4박	― 온쉼표	4박		

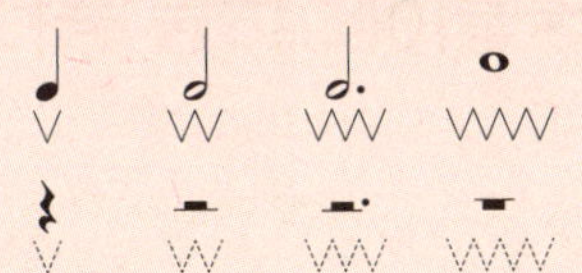

평가문제를 잘 풀기 위한 **선행학습문제** 2

점수

1. 둘째줄에 있는 것은 무엇입니까? ······················ (　　)

① ★　② ●
③ ♥　④ ■

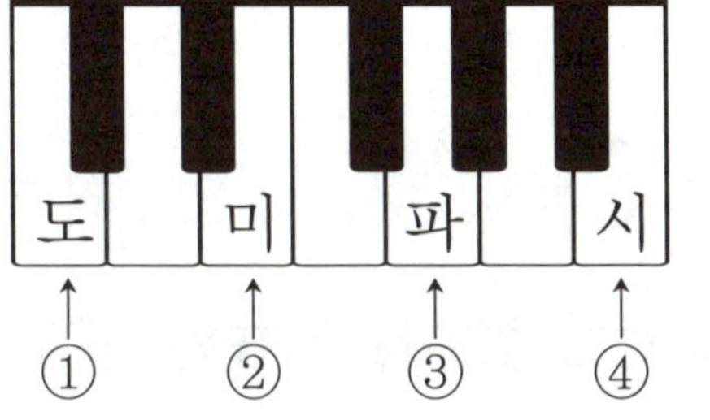

2. 첫째칸에 있는 음은 어느 것입니까? ··············· (　　)

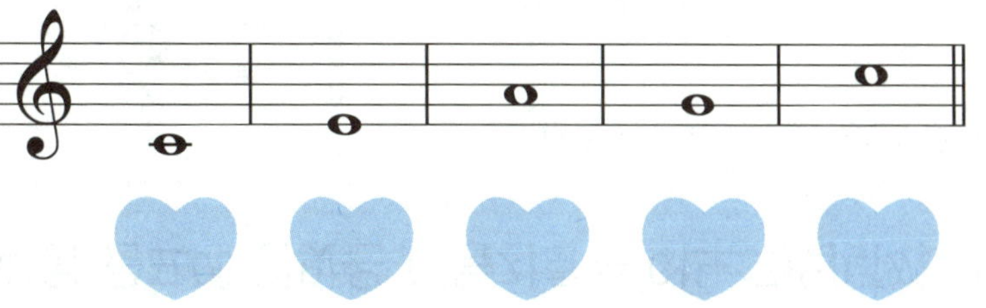

3. ♥ 안에 계이름을 써 보세요.

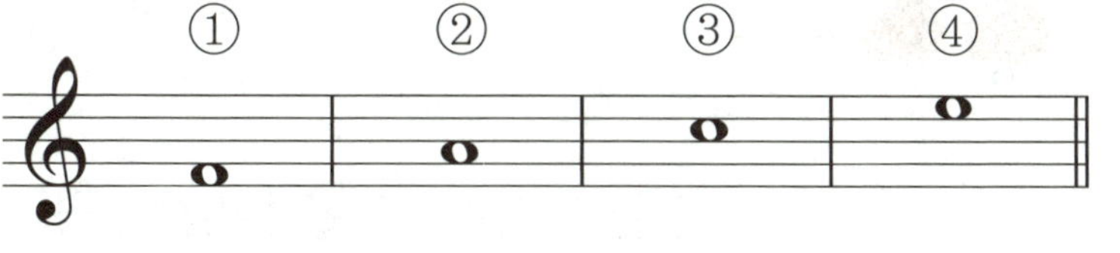

6. 다음 음의 계이름은 무엇입니까? ····················· (　　)

① 솔　② 라
③ 시　④ 도

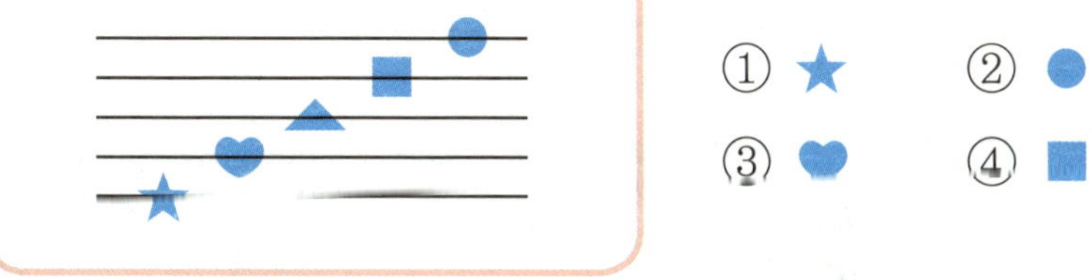

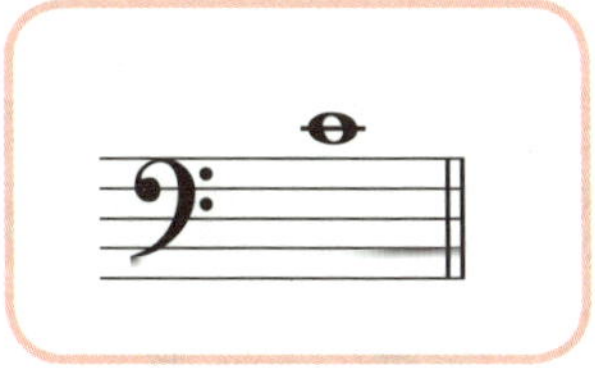

7. 기둥을 잘못 그린 것은 어느 것입니까? ········ (　　)

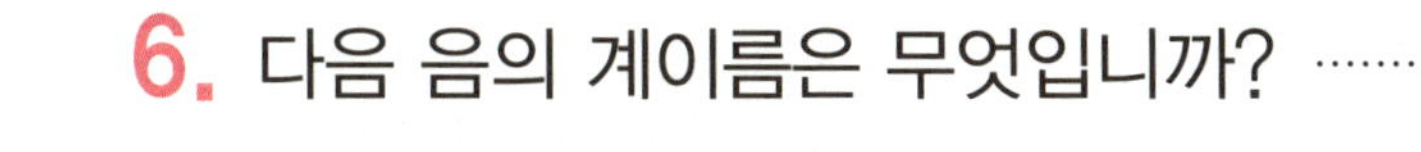

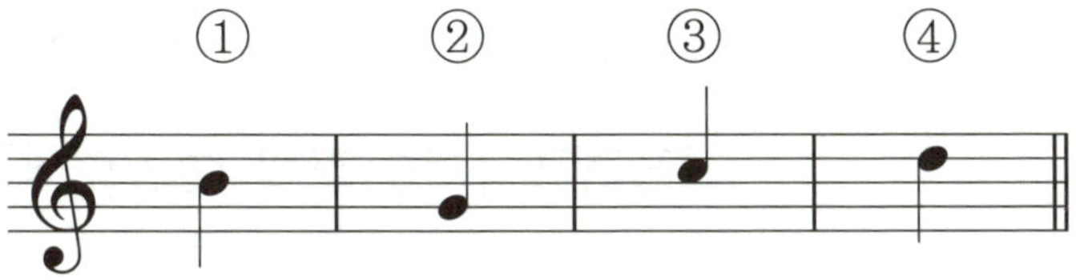

8. 계이름을 바르게 쓰지 않은 것은 어느 것입니까? (　　)

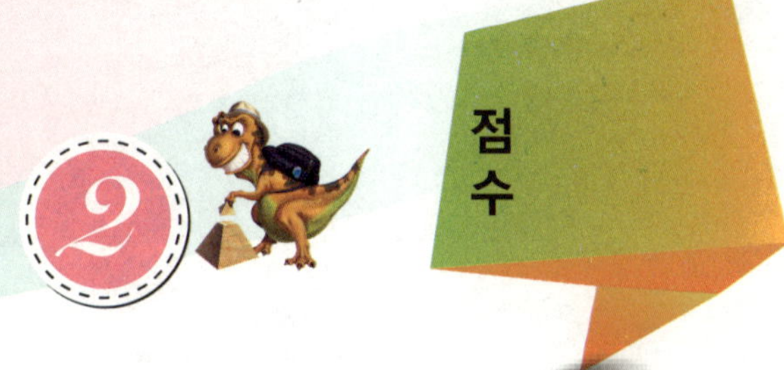

4. 맞는 건반과 계이름을 줄로 이어 보세요.

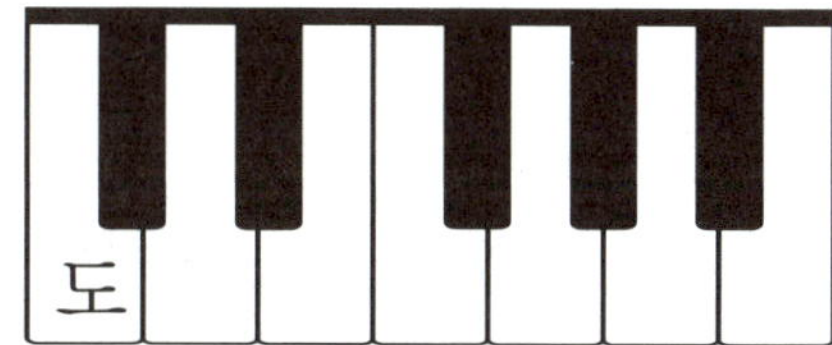

미　　　솔　　　라　　　시

5. 음자리표의 이름을 써 보세요.

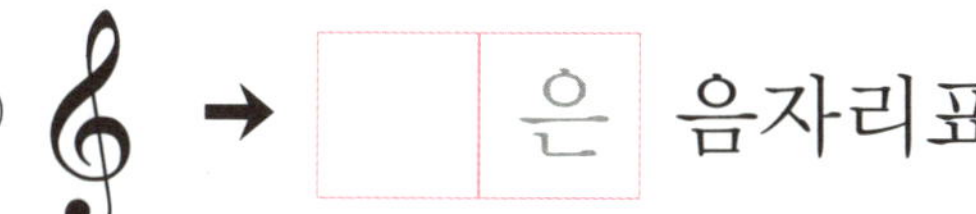

① 𝄞 → ☐ 은 음자리표

② 𝄢 → ☐ 은 음자리표

9. 낮은음자리표를 잘 보고, 💙 안에 계이름을 써 보세요.

10. 음에 맞는 건반에 색칠해 보세요.

① 　

② 　

1. $\frac{2}{4}$ 박자는 한 마디 안에 4분음표가 몇 개 들어 있습니까? …………… (　　)

① 1개　　② 2개　　③ 3개　　④ 4개

2. 맞는 것끼리 줄로 이어 보세요.

① $\frac{2}{4}$ ·

② $\frac{3}{4}$ ·

③ $\frac{4}{4}$ ·

· ㉠ 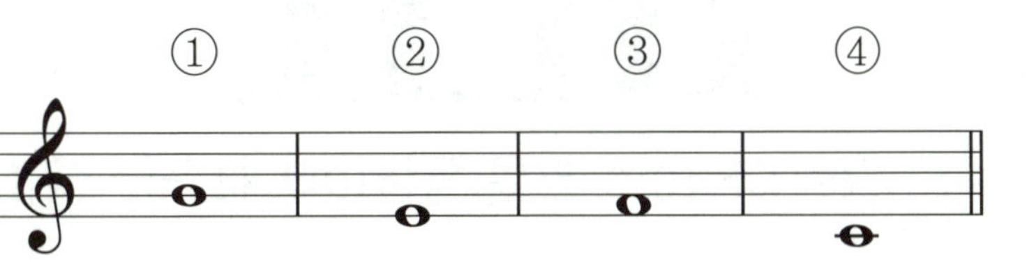

· ㉡

· ㉢

3. 다장조의 으뜸음은 어느 것입니까? …………… (　　)

① ② ③ ④

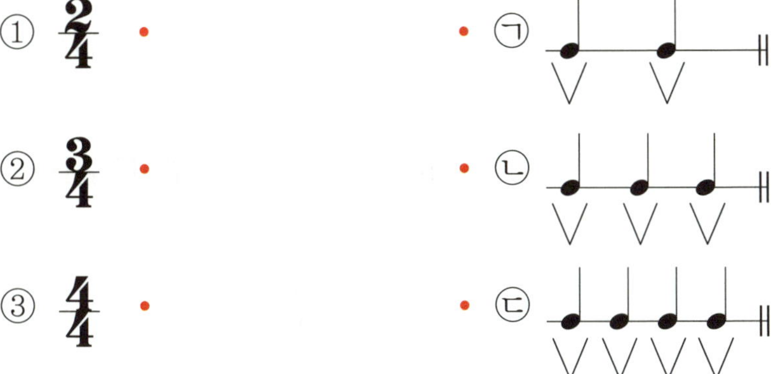

6. ☐ 안에 𝅝 로 음을 그려서 다장조의 음계를 만들어 보세요.

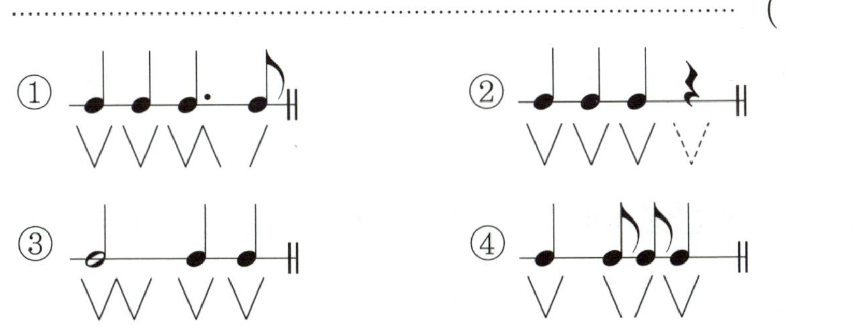

7. ☐ 안에 알맞은 박자표는 어느 것입니까? …………… (　　)

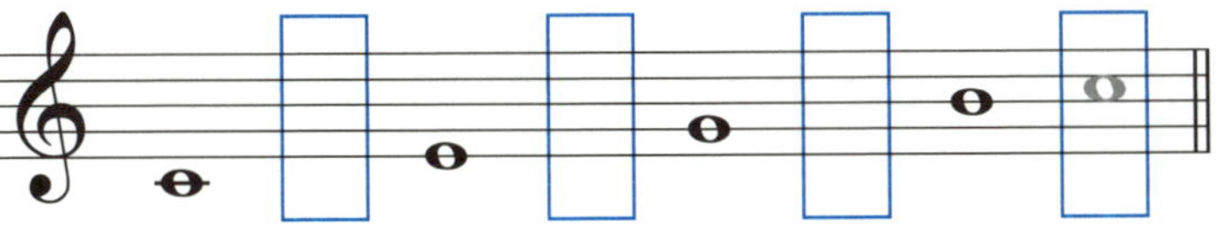

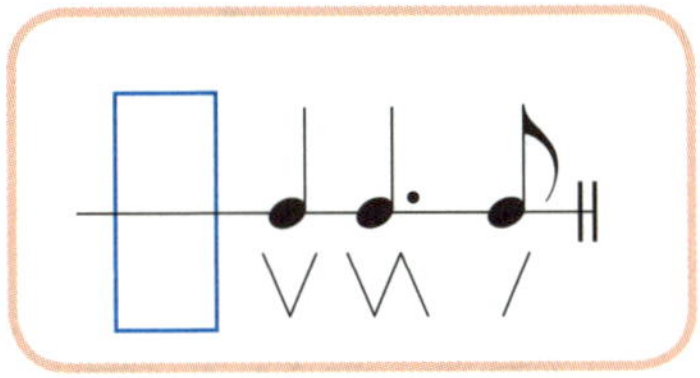

① $\frac{2}{4}$　　② $\frac{3}{4}$　　③ $\frac{4}{4}$　　④ $\frac{6}{8}$

8. 다음 중 $\frac{4}{4}$ 박자의 리듬이 아닌 것은 어느 것입니까? …………… (　　)

①　　②

③　　④

4. 다음 중 계이름 '솔' 음은 어느 것입니까? ····· (　　　)

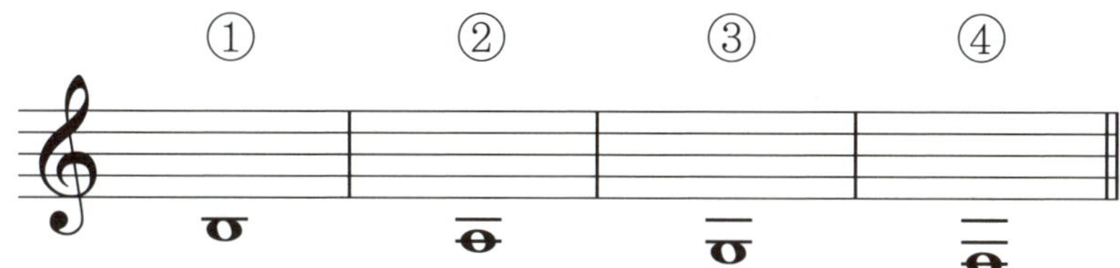

5. 💙 안에 계이름을 써 보세요.

9. 박자표와 리듬이 알맞지 않은 것은 어느 것입니까?
····· (　　　)

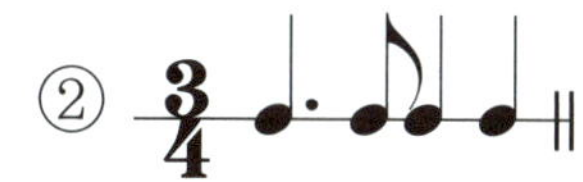

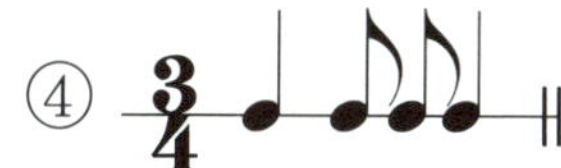

10. 맞는 것끼리 줄로 이어 보세요.

점 수

1. 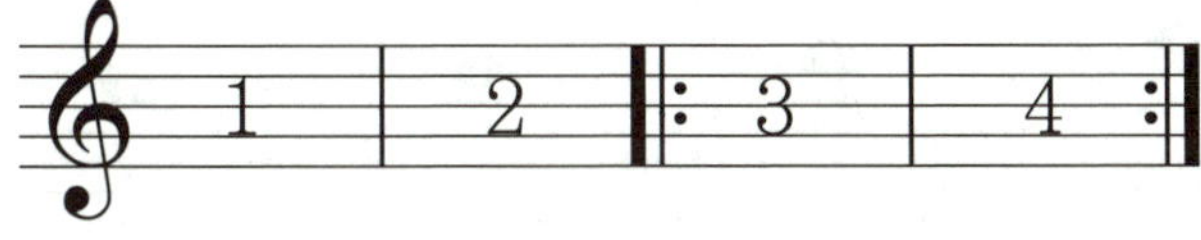 안에 우리나라 음이름을 써 보세요.

다 – ⬤ – 마 – 바 – ⬤ – 가 – 나

2. 맞는 것끼리 줄로 이어 보세요.

① ♯ •   • ㉠ 내림표

② ♭ •   • ㉡ 올림표

3. 다음 악보의 연주 순서로 알맞은 것은 어느 것입니까? ·········· ( )

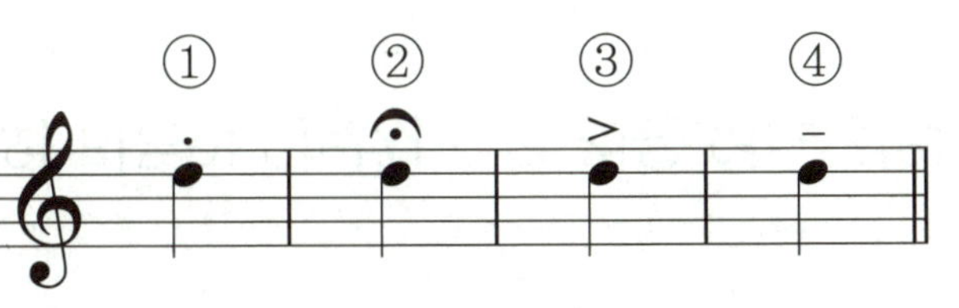

① 1→2→3→4→1→2
② 1→2→3→4→1→2→3→4
③ 1→2→3→4→3→4
④ 1→2→3→4

6. 다음 악보에서 캐스터네츠는 모두 몇 번 쳐야 합니까? ·········· ( )

① 2번   ② 3번   ③ 4번   ④ 6번

7. 음길이가 짧은 것부터 차례대로 번호를 써 보세요.

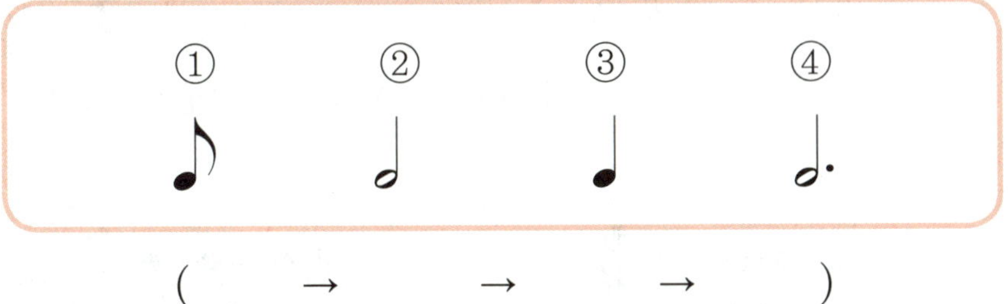

(→ → →)

8. 음의 길이를 2~3배 늘여서 연주하라는 기호는 어느 것입니까? ·········· ( )

4. 다음 중 가장 센 셈여림표는 어느 것입니까? ····· (　　　)

① $\boldsymbol{p}$　　　② $\boldsymbol{mp}$　　　③ $\boldsymbol{mf}$　　　④ $\boldsymbol{f}$

5. 다음 악기의 이름을 써 보세요.

□ 구　　　　□ □ 리

9. □ 안에 알맞은 말을 보기에서 골라서 써 보세요.

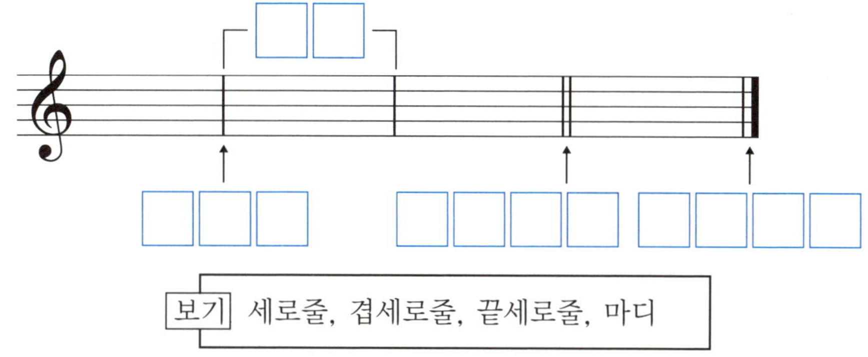

보기　세로줄, 겹세로줄, 끝세로줄, 마디

10. 길이가 같은 것끼리 줄로 이어 보세요.

① ♩ •　　　　• ㉠ 

② 𝅝 •　　　　• ㉡ 

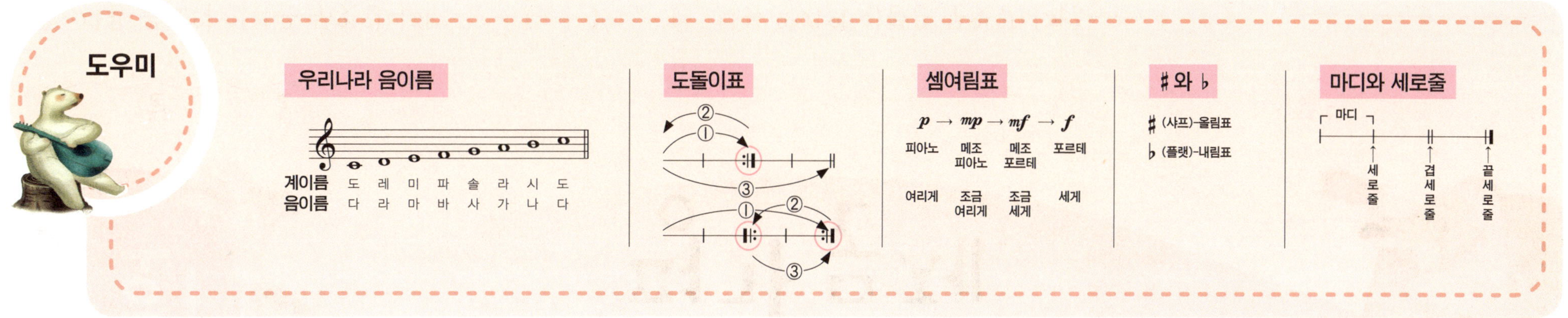

평가문제

월 ________ 일 ________

점수

1. 다음 음표의 이름은 무엇입니까? ·········· (　　)

① 온음표　　② 2분음표
③ 4분음표　　④ 8분음표

2.  가 있는 줄의 이름은 무엇입니까? (　　)

① 첫째 줄　　② 둘째 줄
③ 셋째 줄　　④ 넷째 줄

3. 가 있는 칸의 이름은 무엇입니까? ··(　　)

① 첫째 칸　　② 둘째 칸
③ 셋째 칸　　④ 넷째 칸

6. 다음 악기의 이름은 무엇입니까? ·········· (　　)

① 북　　② 소고
③ 장구　　④ 작은북

7. 색칠한 부분의 이름은 무엇입니까? ········ (　　)

① 마디　② 쉼표　③ 덧줄　④ 세로줄

8. ♩와 길이가 같은 쉼표는 어느 것입니까? (　　)

① 𝄽　② ▬　③ ▬　④ 𝄾

마법 구두

1. ♪와 ♩ 사이

2. 오선에서 가장 아래에 있는 줄의 이름은 "첫째 줄"!

3. 오선에서 가장 아래에 있는 칸의 이름은 "첫째 칸"!

4. 열쇠구멍이 있는 계이름은 '미'!

5. 높은음자리표가 시작되는 계이름은 '솔'!

4. 색칠한 건반의 계이름은 무엇입니까? ···· (　　　)

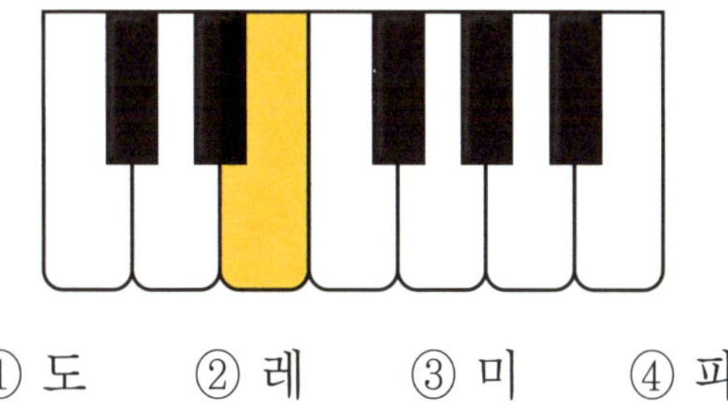

① 도　　② 레　　③ 미　　④ 파

5. 다음 음의 알맞은 계이름은 무엇입니까?(　　　)

① 레　　　② 미
③ 파　　　④ 솔

9. 다음 표의 이름을 써 보세요.

					표

10. 온음표(**○**)를 다섯째 줄에 그려 보세요.

오선 음의 높낮이를 나타내기 위한 5개의 줄입니다.

다섯째 줄 ──────── 넷째 칸
넷 째 줄 ──────── 셋째 칸
셋 째 줄 ──────── 둘째 칸
둘 째 줄 ──────── 첫째 칸
첫 째 줄 ────────

높은음자리표(𝄞)

높은 음을 나타낼때 오선 위에 쓰는 표입니다.

2회  평가문제

1. 오선은 모두 몇 개의 칸으로 되어 있습니까?

 ─────────────────────── ( )

① 2개　　② 3개　　③ 4개　　④ 5개

2. 색칠한 건반의 계이름은 무엇입니까? … ( )

① 레　　② 미　　③ 파　　④ 솔

3. 다음 표의 이름은 무엇입니까? ─────── ( )

① 높은음자리표

② 낮은음자리표

6. 다음 악기의 이름은 무엇입니까? ─────── ( )

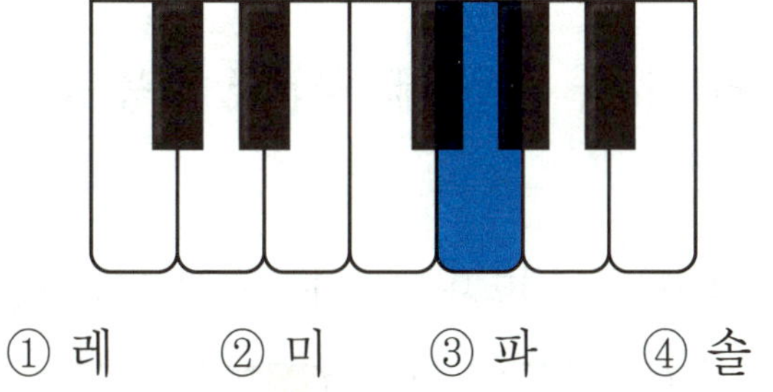
① 작은북　　② 큰북

③ 트라이앵글　　④ 리코더

7. 전래 동요를 부를 때 장단치기에 알맞은 악기는
어느 것입니까? ─────────────── ( )

①　　②　　③　　④

8. 맞는 것끼리 줄로 이어 보세요.

① ♪. ・㉠ ★

② ♩. ・㉡ ★★

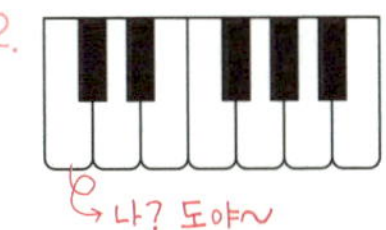

4. 다음 음표의 이름은 무엇입니까? ·········· (   )

① 4분음표　　② 8분음표

③ 점4분음표　④ 2분음표

5. ✓ 표한 부분의 이름은 무엇입니까? ······ (   )

① 머리　　② 꼬리

③ 기둥　　④ 점

9. 계이름이 '파' 인 온음표는 어느 것입니까?

____________________ (   )

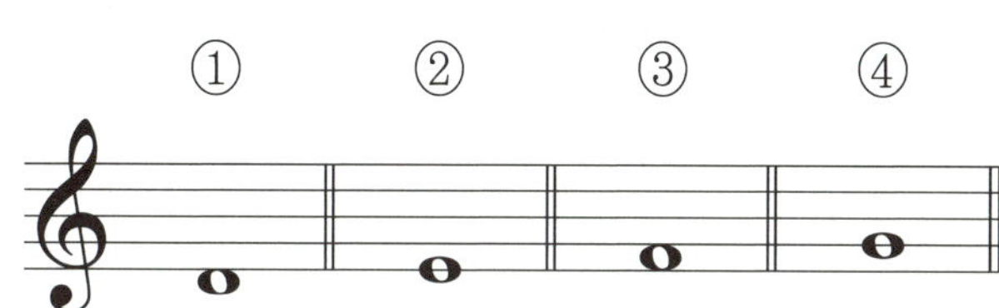

10. ☐ 안에 알맞은 음표를 그려 보세요.

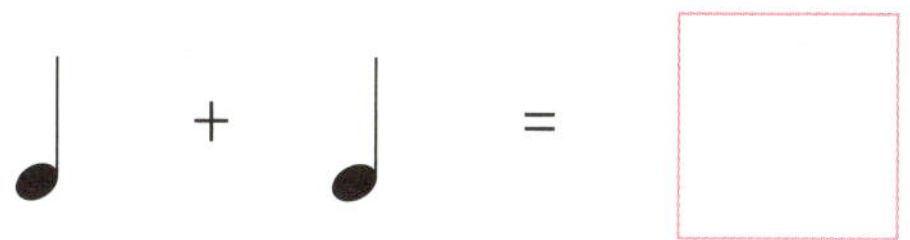

6. 잘 생각하면 떠오를걸?

7. ① 장구 ② 탬버린
　 ③ 바이올린 ④ 피아노

8. 4분음표, 2분음표 길이는?

9. 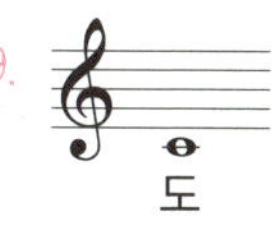
　 도

10. 4분음표 + 4분음표

= ☐

음표	길이	리듬표	박자세기	음표이름
♩	한 박	V	딴	4분음표
♩	두 박	VV	따안	2분음표

음표	길이	리듬표	박자세기	음표이름
♩.	세 박	VVV	따아안	점2분음표
o	네 박	VVVV	따아아안	온음표
♪	반 박	\	따	8분음표

3회

평가문제

1. ♪에 알맞은 리듬기호는 어느 것입니까? … (   )

① V   ② W   ③ W   ④ WW

2. 다음 음표의 이름은 무엇입니까? …………… (   )

o

① 4분음표   ② 8분음표

③ 2분음표   ④ 온음표

3. ♪와 길이가 같은 쉼표는 어느 것입니까?(   )

① ξ   ② ▬   ③ ▬   ④ ╭

6. 다음 4분음표의 계이름은 무엇입니까? ……… (   )

① 미   ② 파

③ 솔   ④ 라

7. 2분음표에 알맞은 길이는 어느 것입니까?(   )

① ★   ② ★★★

③ ★★   ④ ★★★★

8. 계이름에 맞게 온음표(o)를 그려 보세요.

도 미 솔 라 파

4. 다음 쉼표의 이름을 써 보세요.

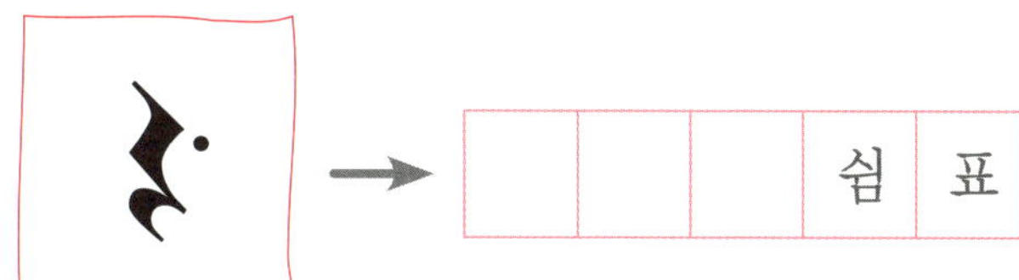

| | | | 쉼 | 표 |

5. 음표와 박 수가 맞게 짝지어진 것은 어느 것
입니까? ·· (   )

① ♩ = 2박   ② ♪ = 4박

③ o = 2박   ④ ♩ = 1박

9. 다음 표의 이름을 써 보세요.

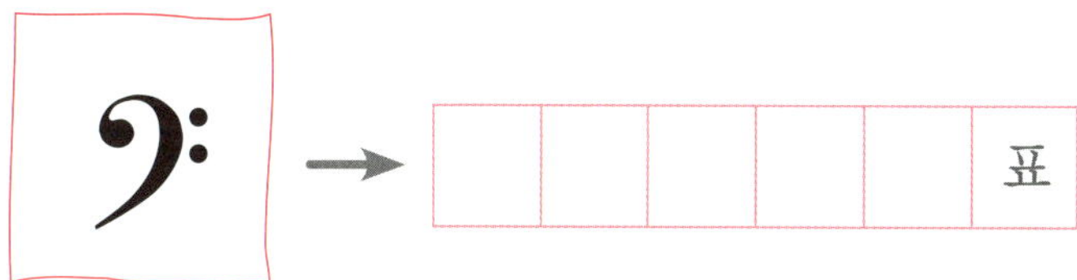

| | | | | 표 |

10. ☐ 안에 알맞은 숫자를 써 보세요.

오선은 ☐ 개의 줄과 ☐ 개의 칸으로
되어 있습니다.

6. 도

7. ♪ = ∨∨

8. 천천히 이쁘게 그려보는
거~야

9. 낮은 소리를 낼 때는!

10. 오선에 대해 생각해 보자!

낮은음자리표 (그리는 순서)

낮은 음을 나타낼 때 오선 위에 쓰는 표입니다.

마디와 세로줄

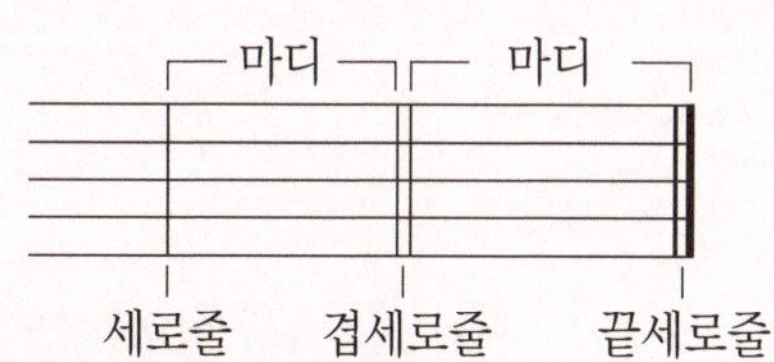

4회  평가문제

점 수

1. □ 안에 알맞은 계이름을 써 보세요.

도 – 시 – □ – 솔 – 파

2. (   )안에 알맞은 말은 어느 것입니까?(   )

$\frac{4}{4}$ ◎ ○ ○ ○
( )   약   중강   약

① 강   ② 약   ③ 중강   ④ 중약

3. ♪의 리듬기호는 어느 것입니까? ……… (   )

① ∨   ② ＼   ③ ＶＶ   ④ ＶＶＶＶ

6. 다음 악보에 나오는 계이름 두 개를 써 보세요.

(,   )

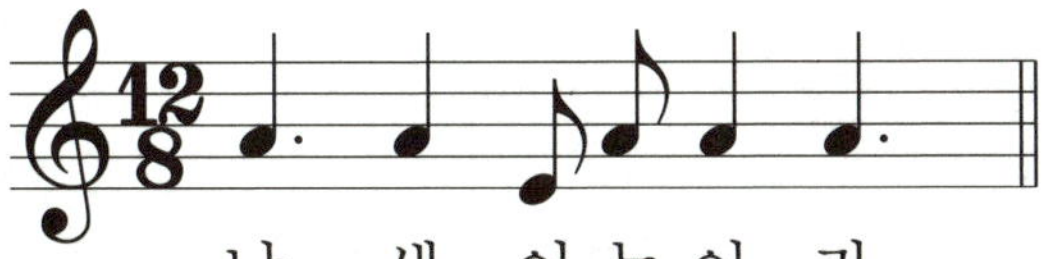

7. 옛날부터 전해 내려오는 우리나라의 동요를 무엇이라고 합니까? ……………… (   )

① 창작 동요   ② 가요

③ 전래 동요   ④ 외국 민요

8. 다음 표의 이름은 무엇입니까? ………… (   )

，

① 숨표   ② 붙임표

③ 쉼표   ④ 음표

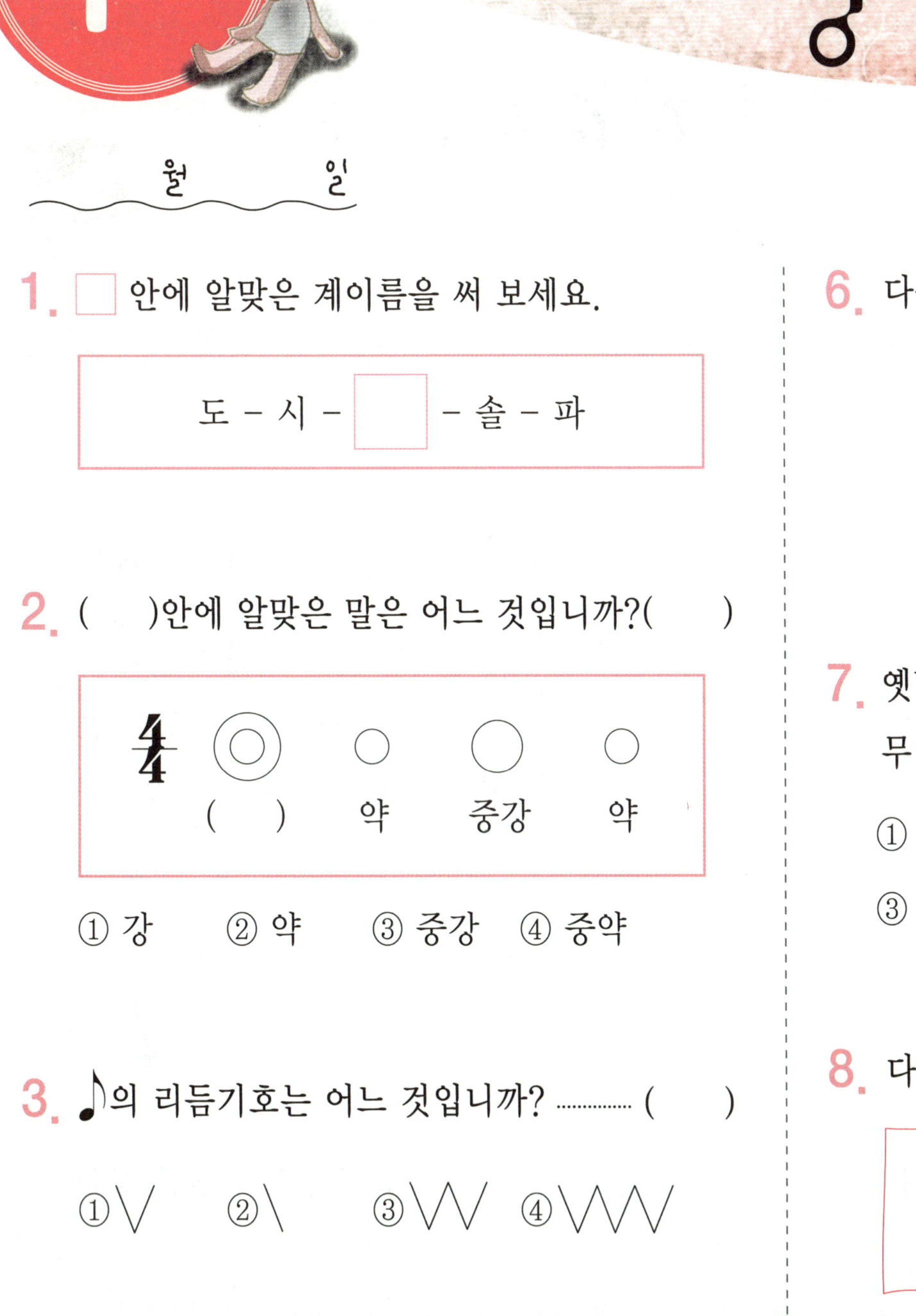

4. 다음 악기의 이름은 무엇입니까? ·········· (   )

① 소고　　　② 장구

③ 탬버린　　④ 트라이앵글

5. 다음 악보의 연주 순서를 써 보세요.

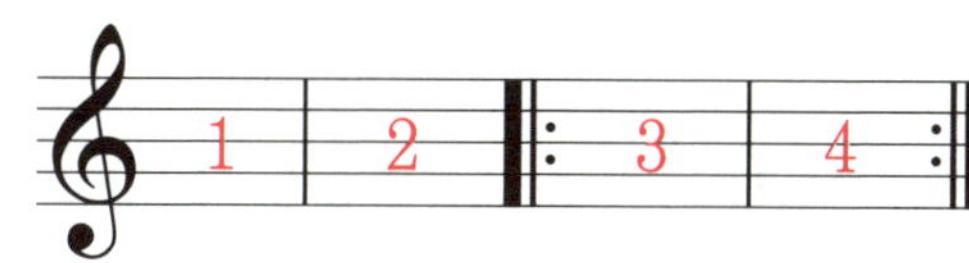

☐ ─ ☐ ─ ☐ ─ ☐ ─ 3 ─ ☐

9. 다음 4분음표의 계이름은 무엇입니까? ······ (   )

① 솔　　　② 라

③ 시　　　④ 도

10. 맞는 것끼리 줄로 이어 보세요.

① 4/4 •　　　• ㉠

② 3/4 •　　　• ㉡

다장조 음계

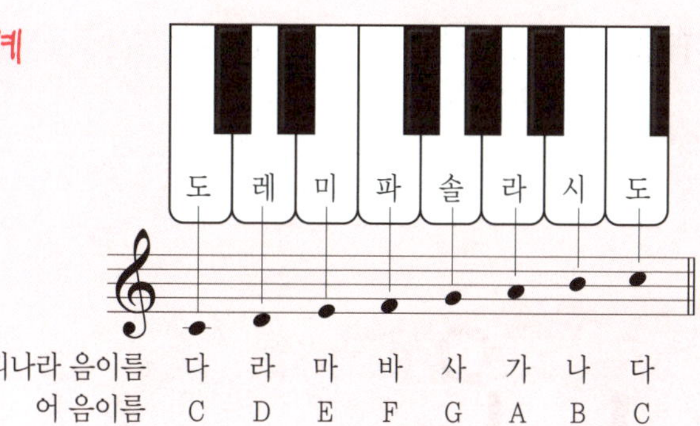

평가문제

월   일

점수

1. 다음 중 길이가 가장 긴 음표는 어느 것입니까? ………… ( )

① ♩ ② ♩ ③ ♪ ④ ♩.

2. 다음 음표의 이름은 무엇입니까? ………… ( )

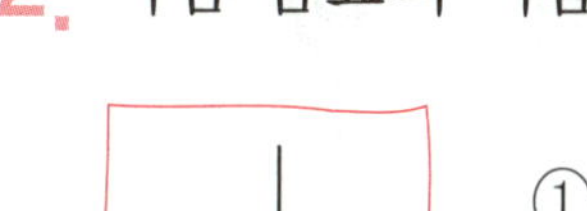

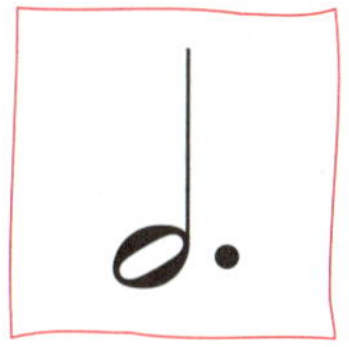

① 점4분음표　② 2분음표

③ 점2분음표　④ 온음표

※ 음표와 쉼표에 알맞은 리듬기호를 보기에서 찾아 그려 보세요(3~5).

6. 다음 악보의 연주 순서를 써 보세요.

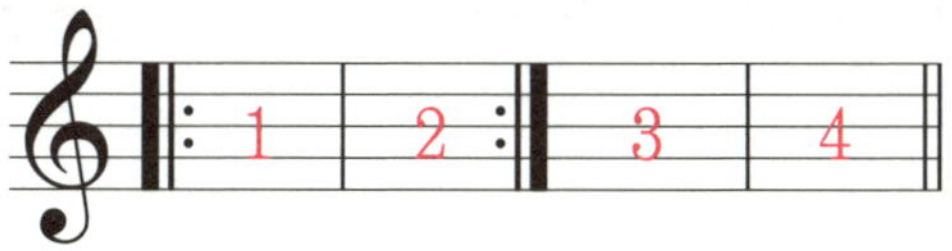

□ - □ - □ - □ - □ - □

7. 다음 2분음표의 계이름은 무엇입니까? ⋯⋯ ( )

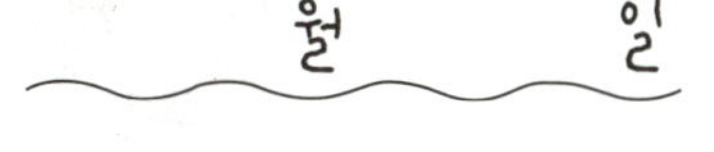

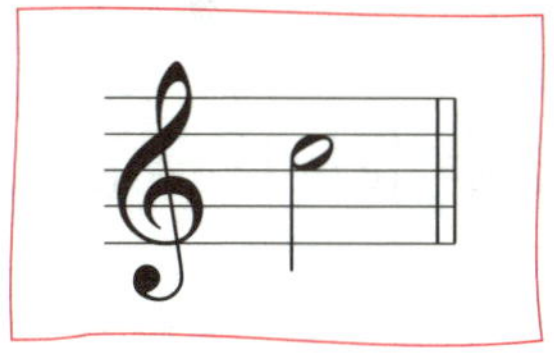

① 솔　　② 라

③ 시　　④ 도

8. 음표를 그리는 순서로 알맞은 것은 어느 것입니까? ………… ( )

① 머리 → 기둥 → 점 → 꼬리

② 점 → 꼬리 → 기둥 → 머리

③ 기둥 → 머리 → 점 → 꼬리

④ 머리 → 기둥 → 꼬리 → 점

3. ♩ =

4. ♪ =

5. ▬ =

※ ☐ 안에 알맞은 음표나 쉼표를 그려 보세요 (9~10).

9. 𝅗𝅥 + ♩ = ☐

10. 𝄾 + 𝄾 = ☐

기둥의 위치

음표의 기둥을 그릴 때 무조건 위로 그리거나 무조건 아래로 그리면 안돼요!

6회 평가문제

1. 다음 중 기둥을 잘못 그린 것은 어느 것입니까? ……………………… (   )

2. 다음 음표의 이름은 무엇입니까? ………… (   )

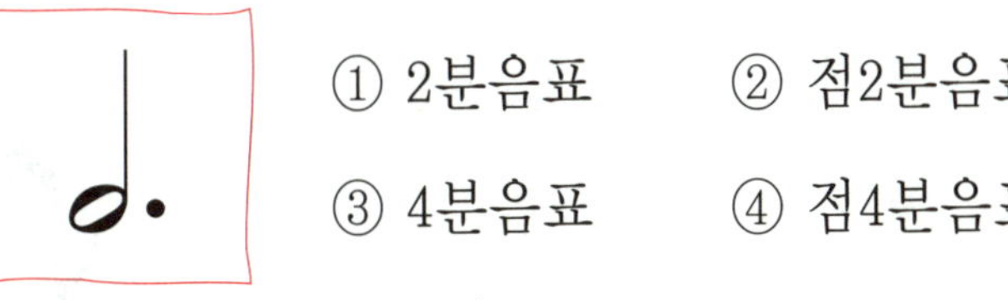

① 2분음표　　② 점2분음표

③ 4분음표　　④ 점4분음표

3. ♩.에 알맞은 리듬기호는 어느 것입니까?(   )

6. 다음 중 센박과 여린박의 리듬 악기가 바르게 짝지어진 것은 어느 것입니까? ……………… (   )

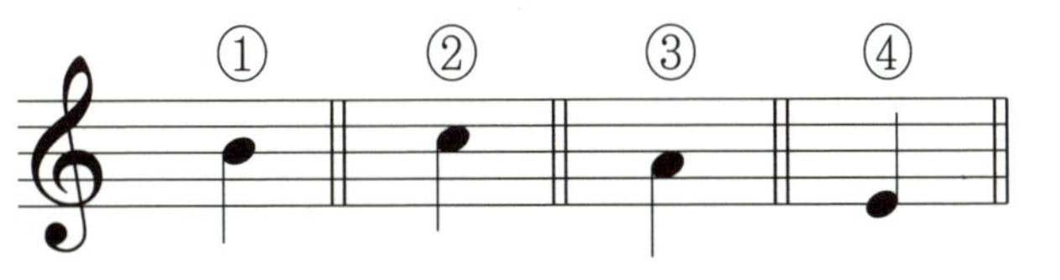

7. 다음 중 음을 짧게 끊어서 연주하라는 표는 어느 것입니까? ……………………………………… (   )

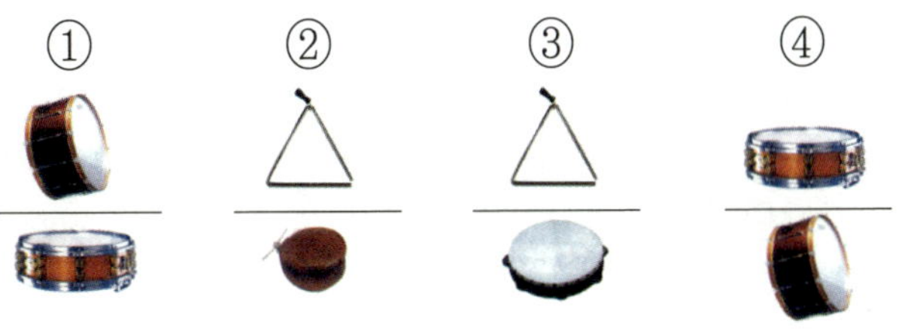

8. 다음 중 노래하는 도중에 잠깐 숨을 쉬라는 기호는 어느 것입니까? ……………………… (   )

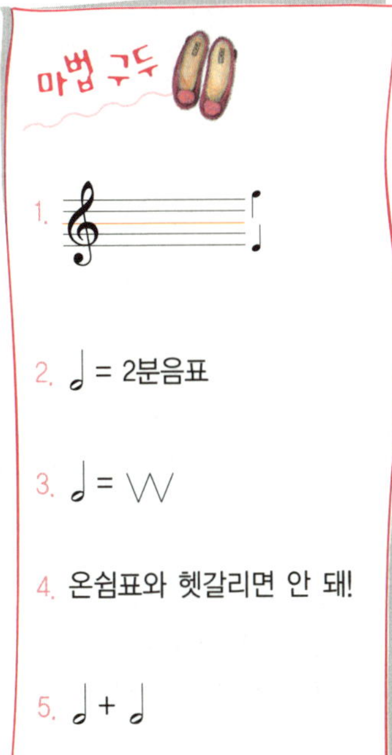

4. 다음 중 2분쉼표는 어느 것입니까? ········ (   )

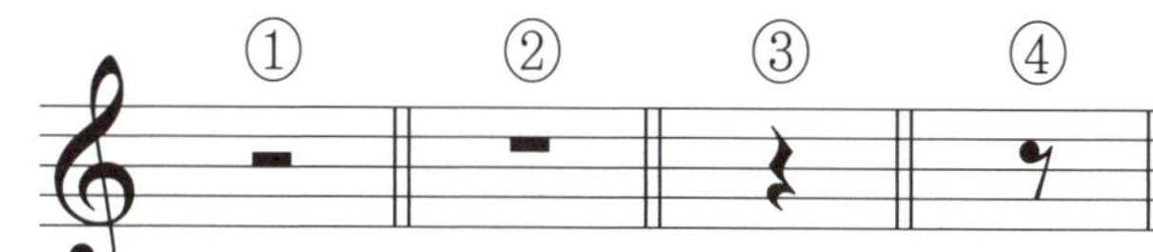

5. 다음 악보에서 탬버린은 몇 박 동안 잘게 흔들 어야 합니까? ──────────────── (   )

① 2박   ② 3박
③ 4박   ④ 5박

※ 음표의 머리를 보고, 기둥을 바르게 그려 보세요.

9. 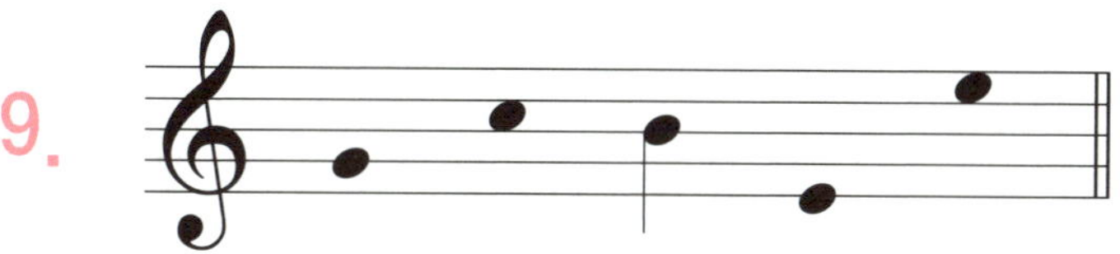

10. 

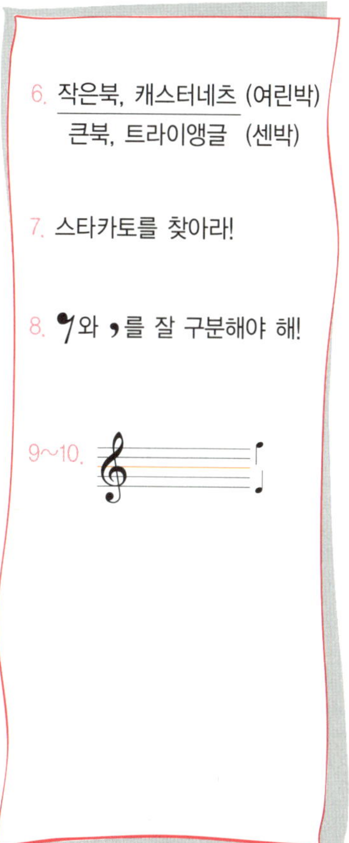

숨은그림찾기

· 별
· 나비
· 종
· 음표
· 새
· 장화

7회 평가문제

월 일

점수

1. $\frac{4}{4}$박자는 한 마디 안에 4분음표가 몇 개 들어 있습니까? ……………………………………… (   )

① 1개   ② 2개   ③ 3개   ④ 4개

2. 다음 4분음표의 계이름을 써 보세요.

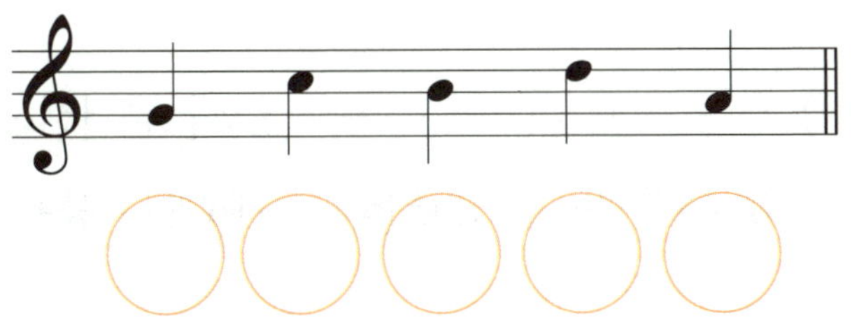

○ ○ ○ ○ ○

3. 다음 쉼표의 리듬기호를 그려 보세요.

① 𝄽 = [   ]   ② ▬ = [   ]

6. 다음 악보의 연주 순서로 알맞은 것은 어느 것입니까? ……………………………………… (   )

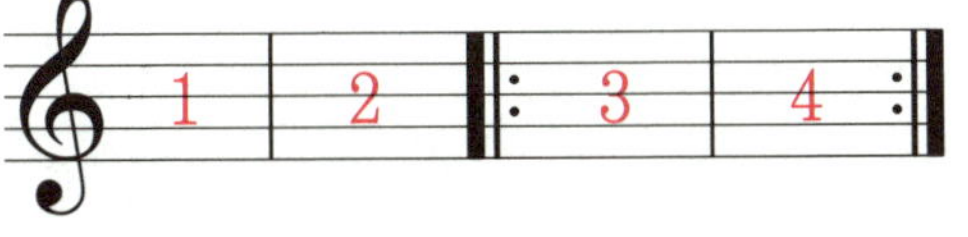

① 1 → 2 → 3 → 4 → 1 → 2
② 1 → 2 → 3 → 4 → 4
③ 1 → 2 → 3 → 4 → 3 → 4
④ 1 → 2 → 3 → 4 → 3

7. 다음 중 붙임줄은 어느 것입니까? ………… (   )

①   ②

③  ④

마법 구두

1. $\frac{4}{4}$ → □개 들어 있어~
$\frac{4}{4}$ → 4분음표가 한 마디에

2. 뒤죽박죽 계이름! 천천히 생각해 보면 답이 보인다!

3. 잠깐! 점선으로 그려야 해!

4. ♩ = 4분음표, 한 박

5. $\frac{3}{4}$ → 3개 들어 있어~
4분음표가 한 마디에

4. ☐ 안에 알맞은 음표는 어느 것입니까?(   )

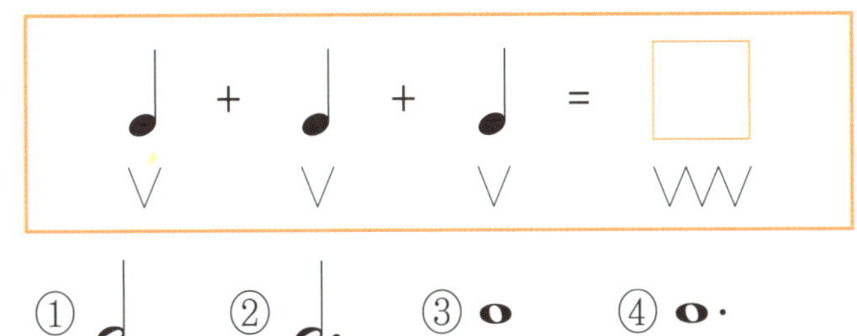

① ♩   ② ♩.   ③ o   ④ o·

5. 다음 중 $\frac{3}{4}$ 박자의 리듬은 어느 것입니까?
                            (   )

8. 색칠한 건반의 계이름은 무엇입니까? ····· (   )

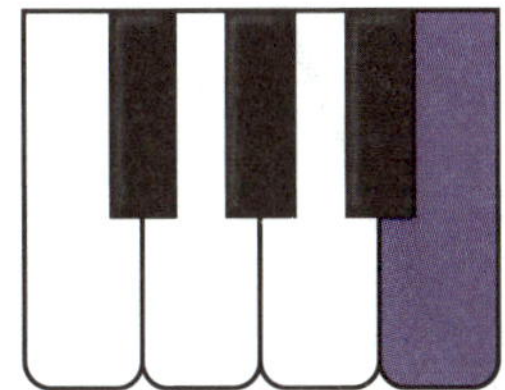

① 도   ② 시

③ 라   ④ 솔

※ 다음 악기의 이름을 보기에서 찾아 써 보세요.

보기

탬버린, 트라이앵글, 심벌즈, 작은북, 큰북

9. 

10. 

쉼표

쉼표	길이	리듬표	박자 세기	쉼표 이름
₹	한 박 쉼	V	음	4분쉼표
▬	두 박 쉼	W	으음	2분쉼표

쉼표	길이	리듬표	박자 세기	쉼표 이름
▬·	세 박 쉼	WV	으으음	점2분쉼표
▬	네 박 쉼	WWV	으으으음	온쉼표
ๆ	반 박 쉼	\	으	8분쉼표

평가 문제

월   일

점수

1. 다음 중 $\frac{2}{4}$ 박자의 셈여림은 어느 것입니까?
.... (   )

① ⭘ ◯ ◯   ② ⭘ ◯ ◯ ◯

③ ⭘ ◯   ④ ⭘ ◯ ◯ ◯ ◯ ◯

2. ◯ 안에 계이름을 써 보세요.

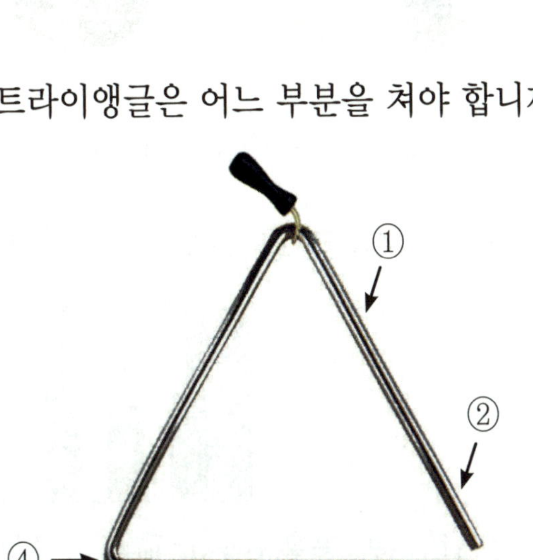

◯ ◯ ◯ ◯ ◯

3. ♪♪ 와 길이가 같은 음표는 어느 것입니까?
.... (   )

① ♪   ② ♩   ③ ♩   ④ ♩.

6. 다음 악보에 나오지 **않은** 계이름은 어느 것
입니까? .... (   )

① 도   ② 시   ③ 라   ④ 미

7. 트라이앵글은 어느 부분을 쳐야 합니까? (   )

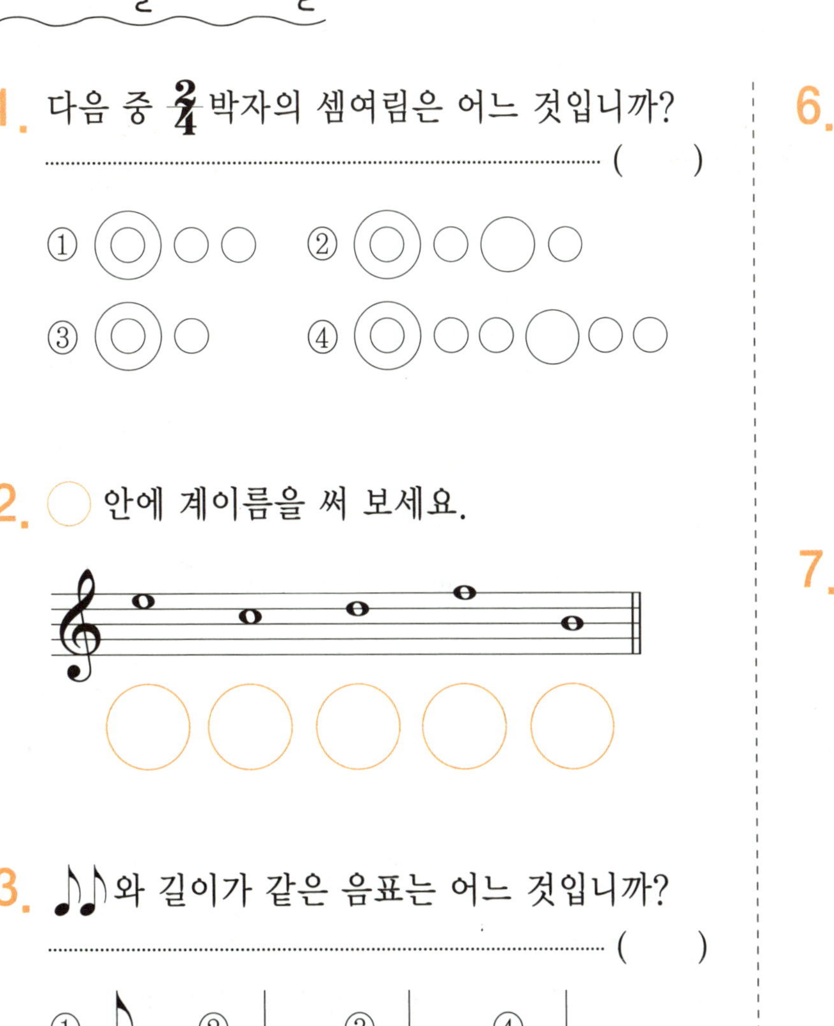

마법 구두

1. 강약

2. 도

3. ♪ = \

4. ♩ = ∨

5. 𝄽 = 한 박

4. ⬜ 안에 알맞은 음표는 어느 것입니까?(   )

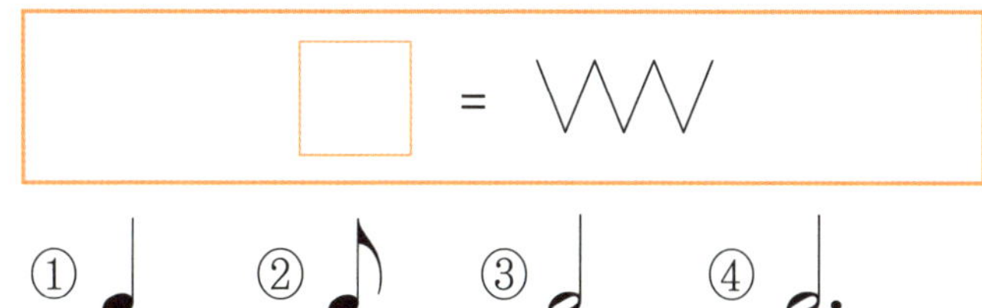

① ♩   ② ♪   ③ ♩   ④ ♩.

5. 다음 중 가장 길게 쉬는 쉼표는 어느 것입니까? .... (   )

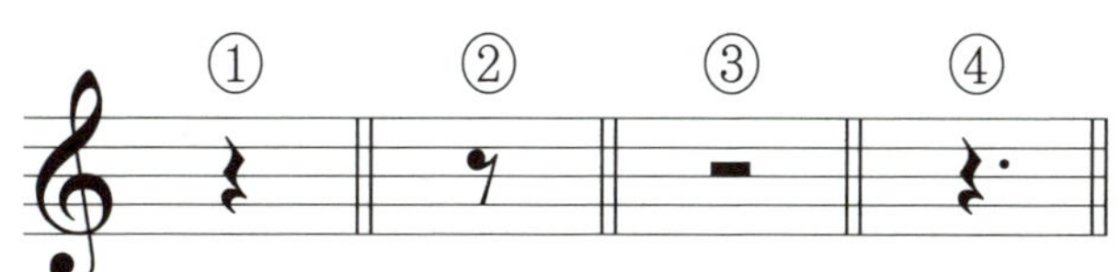

8. 다음은 모두 몇 마디를 연주해야 합니까?(   )

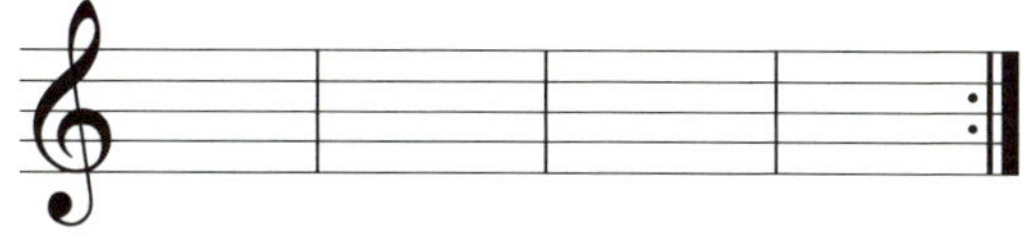

① 4마디   ② 6마디   ③ 8마디   ④ 10마디

※ 음 길이에 맞게 색칠해 보세요(9~10).

9. ♩ = ☆☆☆☆

10. 𝅝 = ☆☆☆☆

도돌이표

처음으로 돌아가 한 번 더 연주하는 것 입니다. 되돌아서 처음으로!

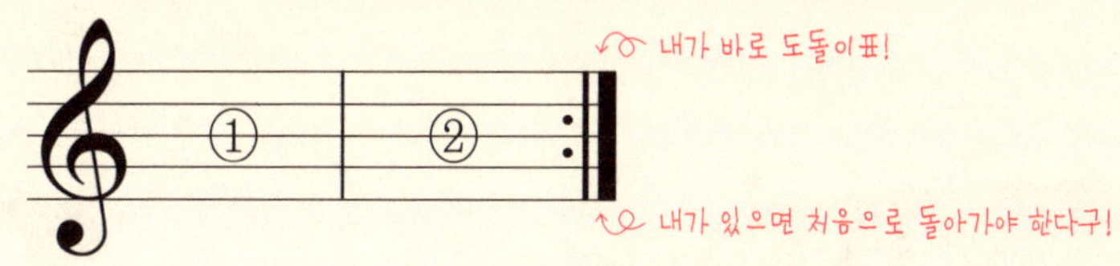

그러니까 ① － ②로 한 번 연주하고 다시 ① － ②!

다시 말해서, ① － ② － ① － ②로 총 4마디로 연주 하는 것!

9회 평가문제

1. ☐ 안에 알맞은 계이름을 써 보세요.

도 – ☐ – 미 – ☐ – ☐

2. ☐ 안에 알맞은 숫자는 어느 것입니까?( )

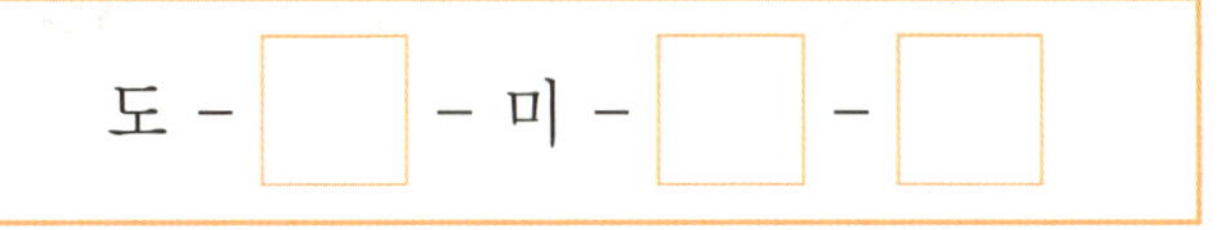

① 2   ② 3   ③ 4   ④ 5

3. 올바르게 그린 높은음자리표를 찾아보세요.( )

6. 다음 중 우리 나라의 전래 동요가 아닌 것은 어느 것입니까? ━━━━━━━ ( )

① 봄노래   ② 달팽이

③ 손치기 발치기   ④ 남생아 놀아라

7. 다음 리듬에 알맞은 리듬기호는 어느 것입니까? ━━━━━━━ ( )

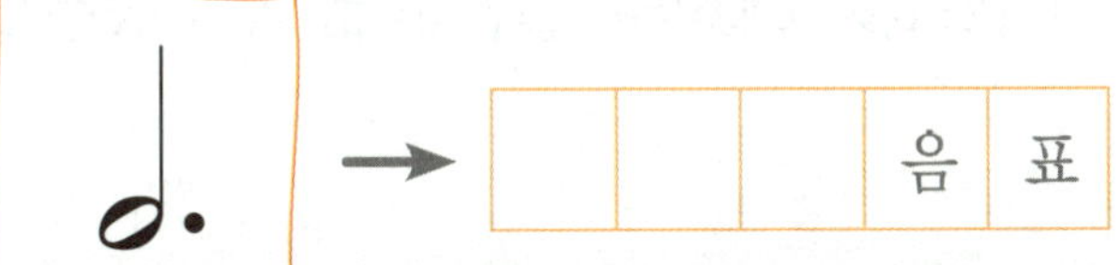

① ∨∨∨   ② Ｗ/∨

③ Ｗ Ｗ   ④ Ｗ∨∨

8. 다음 음표의 이름을 써 보세요.

→ ☐ ☐ ☐ 음 표

4. 다음 쉼표의 이름은 무엇입니까? ·········· (　　)

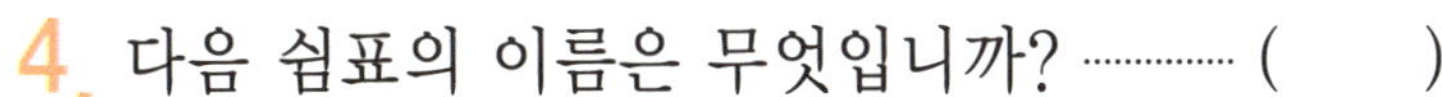

① 4분쉼표　　② 8분쉼표

③ 2분쉼표　　④ 온쉼표

5. 다음 음에 맞는 건반 번호는 어느 것입니까?
··· (　　)

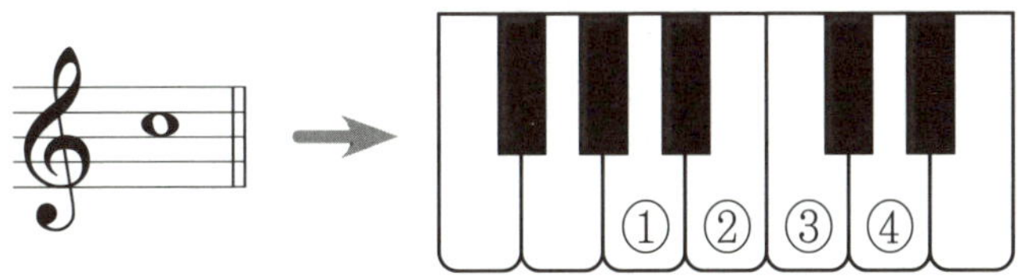

※ 다음 악기의 이름을 보기에서 찾아 써 보세요.

보기			
장구	북	징	꽹과리

9.
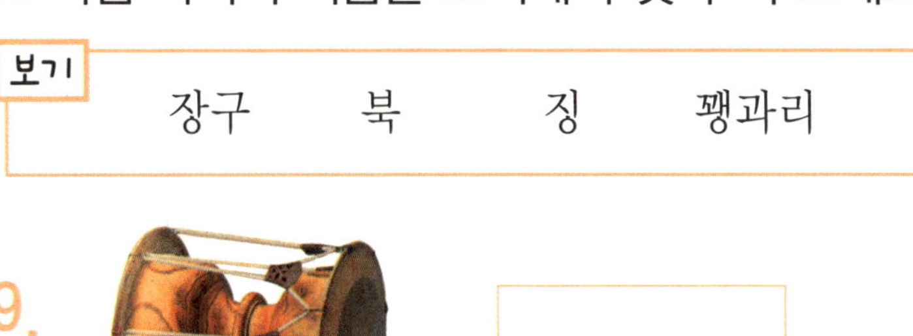

10.

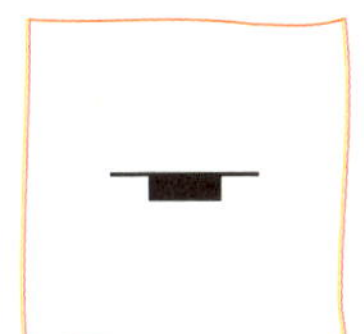

음표 그리는 순서

음표를 손쉽게 그리는 방법!

첫째 : 머리를 그린다!　　●

둘째 : 기둥을 그린다!　　♩

셋째 : 꼬리를 그린다!　　♪

넷째 : 점을 그린다!　　♪.

 10회 평가 문제

월　　　일

1. 계이름에 맞는 음을 온음표(**O**)로 그려 보세요.

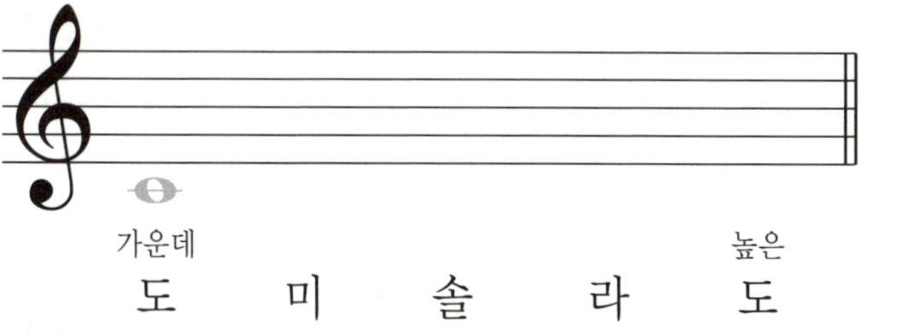

2. 다음 표의 이름은 무엇입니까? ······················ (　　)

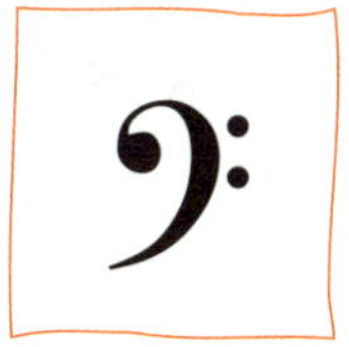

① 높은음자리표

② 낮은음자리표

3. 탬버린의 악기 소리는 어느 것입니까? (　　)

① 둥둥둥　　　　② 덩덩덩

③ 칭칭칭　　　　④ 찰찰찰

※ 다음 악보를 보고 물음에 답하세요(7∼10).

7. 위의 노래에 알맞은 박자표는 어느 것입니까?

··· (　　)

① $\frac{2}{4}$　② $\frac{3}{4}$　③ $\frac{4}{4}$　④ $\frac{6}{8}$

8. 첫째 마디(♩♩)의 리듬기호로 알맞은 것은 어느 것입니까? ······················ (　　)

① ∨∨　　　　② ∨∨∨

③ ∨∨∨　　　④ ∨∨∨∨

4. 다음 기호의 이름은 무엇입니까? ·············· (   )

① 마디　　　　② 세로줄

③ 겹세로줄　　④ 도돌이표

※ 다음 쉼표와 길이가 같은 음표를 그려
　보세요(5~6).

5. ♩ =

6. ♩ =

9. 위 악보는 몇 마디마다 숨을 쉽니까? ··· (   )

① 1마디　　　　② 2마디

③ 3마디　　　　④ 4마디

10. 셋째 마디의 계이름은 무엇입니까? ··· (   )

① 솔솔솔　　　　② 도도도

③ 시시시　　　　④ 라라라

리듬 악기

• 센박을 담당하는 악기 = 큰북, 트라이앵글, 심벌즈 등

• 여린박을 담당하는 악기 = 작은북, 캐스터네츠, 탬버린

리듬악기의 표기법은

$$\frac{\text{여린박 악기 (약박악기)}}{\text{센박 악기 (강박악기)}}$$

큰북

탬버린

작은북

심벌즈

평가 문제

점 수

1. ◯ 안에 계이름을 써 보세요.

◯ ◯ ◯ ◯ ◯

2. ☐ 안에 알맞은 음표는 어느 것입니까?(   )

$$\text{♩.} = \text{♩} + \boxed{}$$

① ♪   ② ♩   ③ ♩   ④ ♩.

3. 다음 중 붙임줄은 어느 것입니까? ……… (   )

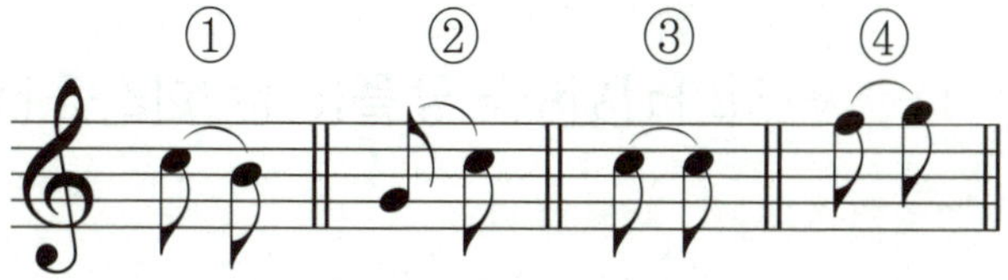

① ② ③ ④

※ 다음 악보를 보고 물음에 답하세요(7~10).

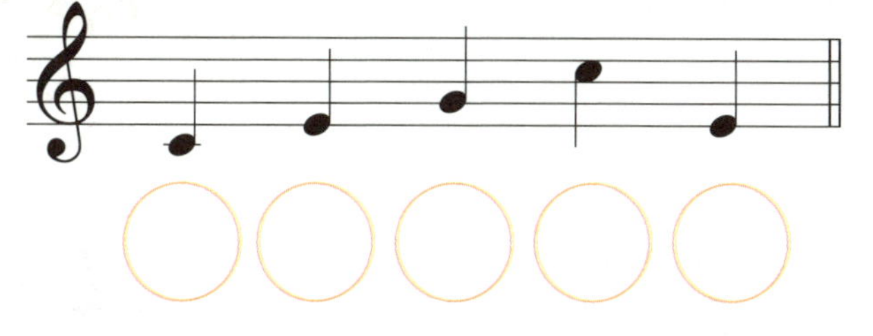

7. 위 노래는 몇 분의 몇 박자입니까? ……… (   )

① 8분의 12박자

② 4분의 3박자

③ 4분의 4박자

④ 2분의 4박자

8. 위 악보에 나오지 **않은** 계이름은 어느 것입니까? …………………………………… (   )

① 라   ② 미   ③ 레

마법 구두

1.  도

2.  ♩. = ∨∨

3. 같은 음끼리 이은 줄을 붙임줄!

4.  ♩ = ★

5~6. 천천히 생각해보면 답이 보일 꺼야^^

4. 음표의 길이에 맞게 색칠해 보세요.

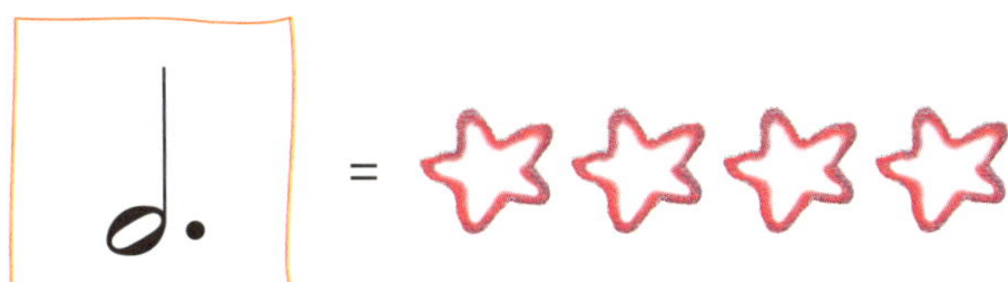

※ 맞는 것끼리 줄로 이어 보세요(5~6).

5. 　　　•　　　•㉠ **3/4**

6. 　　　•　　　•㉡ **2/4**

9. 위 악보에 나오는 ♩.의 리듬기호는 어느 것입니까? ─────────────── (　　)

① V　　② VV　　③ VVV　　④ \

10. ♪의 이름은 무엇입니까? ───────────── (　　)

① 8분음표　　② 4분음표

③ 2분음표　　④ 온음표

전래 동요

전래동요란 옛날부터 전해 내려오는 어린이들의 노래를 말합니다.

악보가 없이 입에서 입으로 전해 내려오다보니 작사가나 작곡가를 알 수가 없답니다.

이러한 전래동요는 우리나라 악기로 연주하는 것이 잘 어울립니다.

평가 문제

월   일

1. 다장조의 으뜸음은 어느 것입니까? ······· (   )

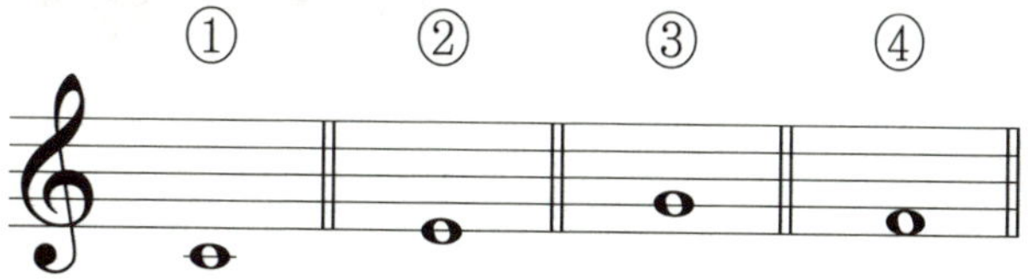

① ② ③ ④

2. 다음 온음표의 계이름은 무엇입니까? ······· (   )

① 도   ② 레

③ 미   ④ 솔

3. 탬버린의 연주법이 아닌 것은 어느 것입니까?

·· (   )

① 잘게 흔든다   ② 가죽면을 친다

③ 활로 문지른다   ④ 테를 친다

※ 다음 악보를 보고 물음에 답하세요(7~8).

7. 위 노래의 제목은 무엇입니까? ····················· (   )

① 남생아 놀아라   ② 봄 인사

③ 작은손   ④ 땅 밑에선

8. 위 악보에서 가장 높은 음의 계이름은 무엇입니까? ··············· (   )

① 도   ② 미   ③ 솔   ④ 라

점수

마법 구두

1. 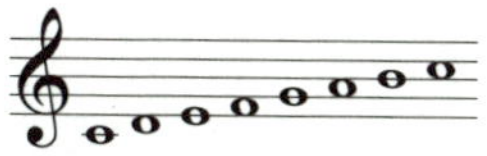 
다장조 음계

2. 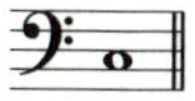 낮은 도

3. 

4. ① 소고
② 징
③ 작은북
④ 꽹과리

5~6. ♩ = 〰
♩. = 〰〰

4. 다음 중 우리 나라 전통 타악기가 아닌 것은 어느 것입니까? ·········· (   )

①    ② 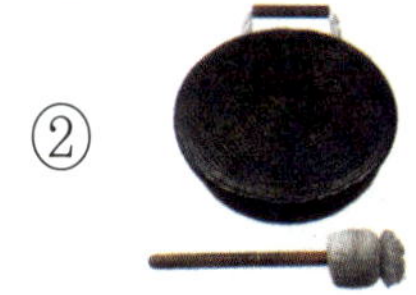

③    ④ 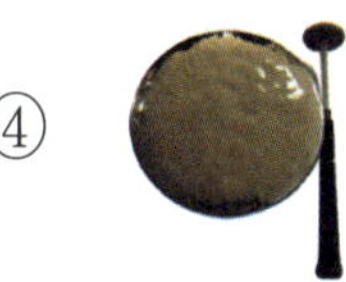

※ 길이가 같은 것끼리 줄로 이어 보세요(5~6).

5. ♩ ·   ㉠ ♩ + ♩ + ♩

6. ♩. ·   ㉡ ♩ + ♩

9. ☐ 에 알맞은 박자표는 어느 것입니까? ·········· (   )

① **2/4**   ② **4/4**   ③ **3/4**   ④ **6/8**

10. 위 악보에 나오는 쉼표의 이름은 무엇입니까? ·········· (   )

① 8분쉼표   ② 4분쉼표

③ 2분쉼표   ④ 온쉼표

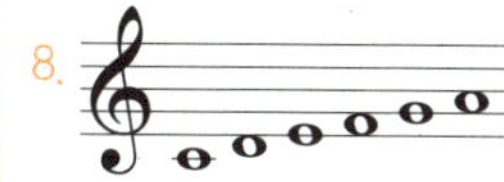

7. 잘 생각해봐~ ^^

8. 악보에 나오는 계이름

9. 위 악보는 한 마디가 ♩♩♩♩로 되어 있습니다.

10. 위 악보에 나오는 쉼표는 𝄽입니다.

모차르트

오스트리아의 작곡가로 어렸을 때부터 뛰어난 재능을 보인 작곡가입니다.

음악의 신동이었던 그는 다섯 살 때부터 작곡을 하고 여섯 살 때부터

연주 여행을 다닐 정도의 놀라운 음악적 재능을 갖춘 작곡가입니다.

주황마을 통과! 이제 노랑마을로!

13회 평가문제

점수

1. ☐ 안에 알맞은 계이름을 써 보세요.

도 – ☐ – 미 – 파 – 솔

2. 다음 음표의 이름은 무엇입니까? ············ (　　)

① 4분음표　② 8분음표
③ 16분음표　④ 점8분음표

3. 맞는 것끼리 줄로 이어 보세요.

① 　•　• ㉠ 북

② 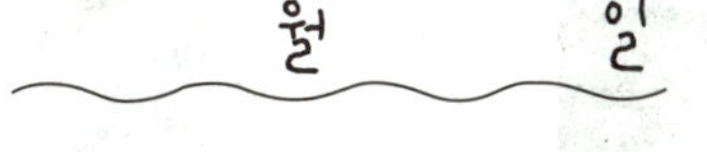　•　• ㉡ 징

③ 　•　• ㉢ 꽹과리

④ 　•　• ㉣ 장구

6. 다음 온음표의 계이름은 무엇입니까? ······ (　　)

① 도　② 레
③ 미　④ 파

7. 다음 악보에서 캐스터네츠는 모두 몇 번을 쳐야 합니까? ························· (　　)

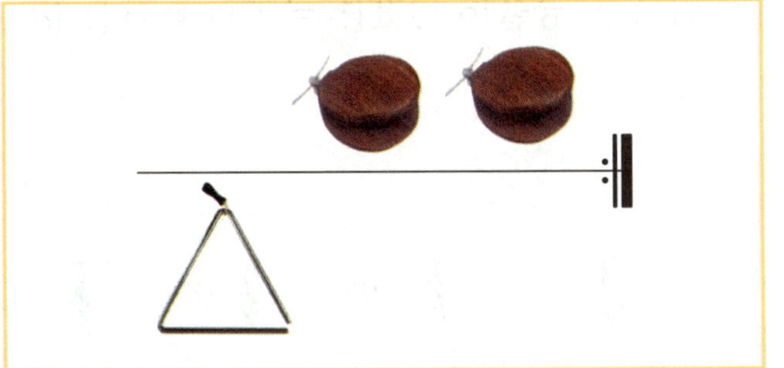

① 2번　② 3번　③ 4번　④ 5번

마법 구두

1. 계이름 순서

2. 음표의 길이 순서

3. 우리나라 민속악기야~

4~5. ♩ = ★

※ 음표의 길이에 맞게 색칠해 보세요(4∼5).

4.  =

5.  =

※ 길이가 같은 것끼리 줄로 이어 보세요(8∼10).

8. 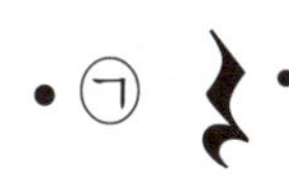 ㉠

9.  ㉡

10. 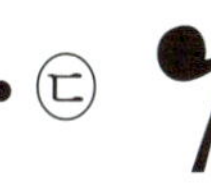 ㉢

붙임줄이란 높이가 같은 두 음을 연결한 줄로,
영어로 '타이(tie)' 라고도 합니다.
연결된 두 음을 서로 합한 길이만큼 소리를 냅니다.

이음줄이란 높이가 다른 두 개 이상의 음을 연결한 줄로,
영어로 '슬러(slur)' 라고도 합니다.
이음줄로 연결된 음들은 부드럽게 이어서 연주합니다.

14회 평가문제

월 일

점 수

1. ◯ 안에 알맞은 계이름을 써 보세요.

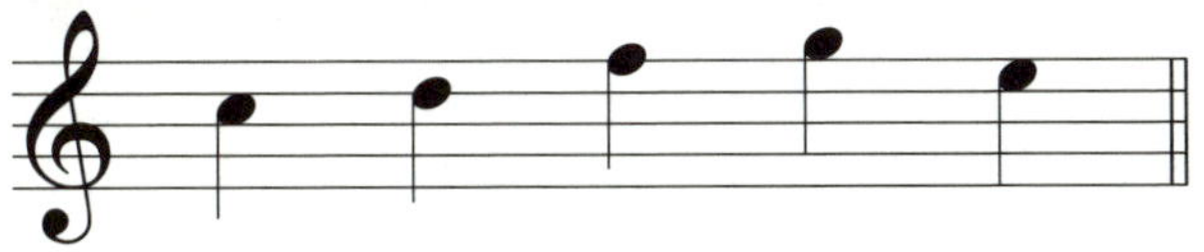

◯ ◯ ◯ ◯ ◯

2. 다음 온음표의 계이름은 무엇입니까? ······· (　　)

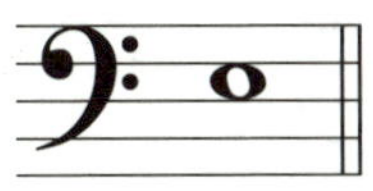

① 레　② 미
③ 파　④ 솔

3. 맞는 것끼리 줄로 이어 보세요.

① 4/4 ·　　· ㉠ ◎ ○
② 2/4 ·　　· ㉡ ◎ ○ ◯ ○

6. 다음 중 센박을 치기에 가장 알맞은 악기는 어느 것입니까? ······························ (　　)

① 큰북
② 탬버린
③ 캐스터네츠
④ 작은북

7. 음길이가 긴 것부터 차례대로 번호를 써 보세요.

① ② ③ ④

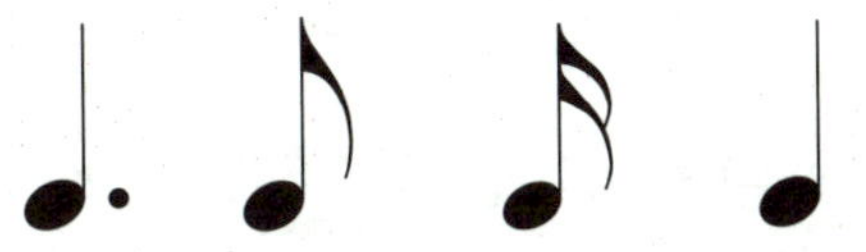

(　　→　　→　　→　　)

마법 구두

1. 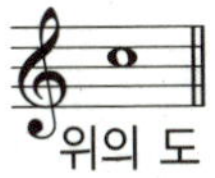 위의 도
2. 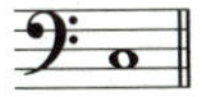 낮은 도
3. 4/4 = 강 약 중강 약
   2/4 = 강 약
4. 𝄾 와 같은 음길이의 음표
5. ◎과 ○의 사이

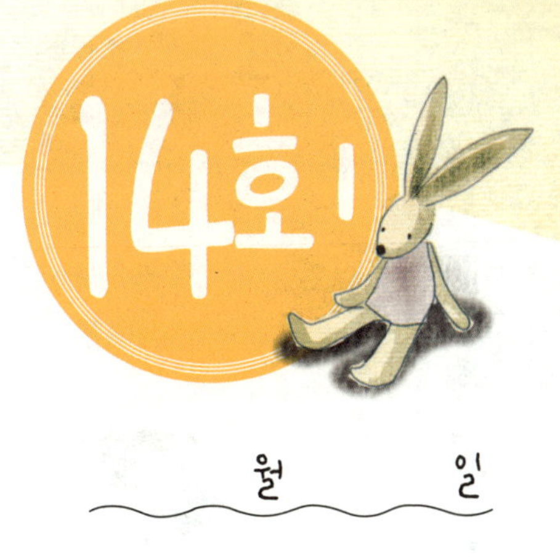

4. 다음 중 길이가 가장 짧은 음표는 어느 것입니까? ·········· ( )

① ♪   ② ♪.   ③ ♬   ④ ♩

5. (   )안에 알맞은 말은 어느 것입니까?
·········· ( )

$\frac{4}{4}$ ◎ ○ ○ ○
   강   약 ( ) 약

① 강   ② 약   ③ 중강   ④ 중약

8. 맞는 것끼리 줄로 이어 보세요.

① ♪ (8분음표) ·   · ㉠ 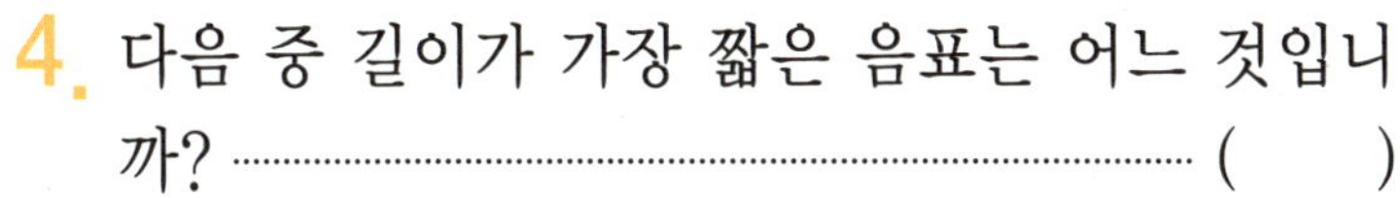

② ♩ (4분음표) ·   · ㉡

③ ♩. (점4분음표) ·   · ㉢

※ 오선에 음자리표를 그려 보세요(9~10).

9. ═══════   10. ═══════

높은음자리표   낮은음자리표

박자표

박자를 나타내는 표 입니다.

박자표	뜻		읽기	박자표	뜻		읽기
$\frac{2}{4}$	→ 한 마디에 2개가 들어 있습니다. → 4분음표(♩)를 한 박으로 하며	$\frac{2}{4}$ ♩ ♩ ‖	4분의 2박자	$\frac{4}{4}$	→ 한 마디에 4개가 들어 있습니다. → 4분음표(♩)를 한 박으로 하며	$\frac{4}{4}$ ♩ ♩ ♩ ♩ ‖	4분의 4박자
$\frac{3}{4}$	→ 한 마디에 3개가 들어 있습니다. → 4분음표(♩)를 한 박으로 하며	$\frac{3}{4}$ ♩ ♩ ♩ ‖	4분의 3박자	$\frac{6}{8}$	→ 한 마디에 6개가 들어 있습니다. → 8분음표(♪)를 한 박으로 하며	$\frac{6}{8}$ ♪ ♪ ♪ ♪ ♪ ♪ ‖	8분의 6박자

15회 평가문제

월 일

점 수

1. 다장조의 음계를 그려 보세요.

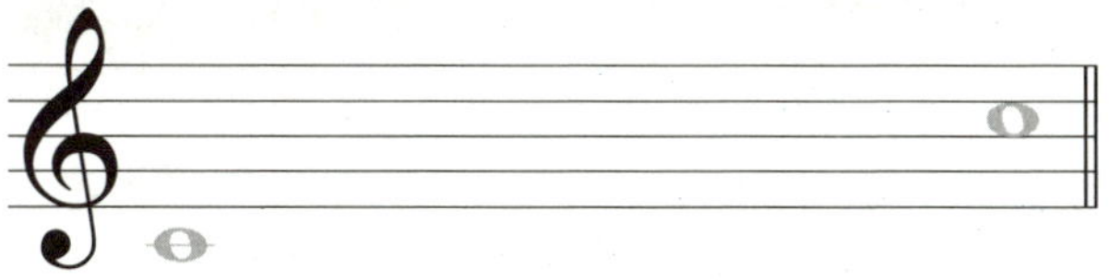

도 레 미 파 솔 라 시 도

2. 바르게 그린 낮은음자리표를 찾아 보세요.( )

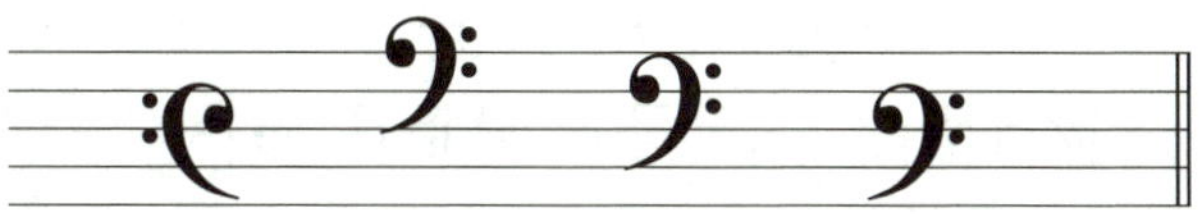

①
②
③
④

3. 다음 중 길이가 가장 짧은 음표는 어느 것입니까? ( )

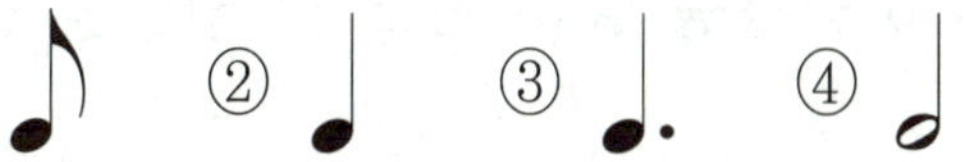

①
②
③
④

6. □ 안에 알맞은 쉼표를 그려 보세요.

+
=

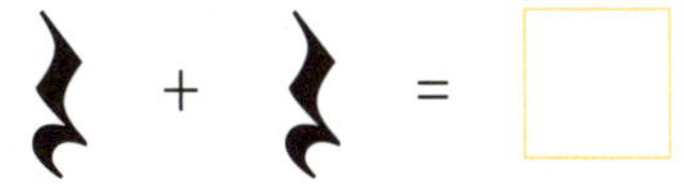

7. 다음 악보에서 가장 높은 계이름은 무엇입니까? ( )

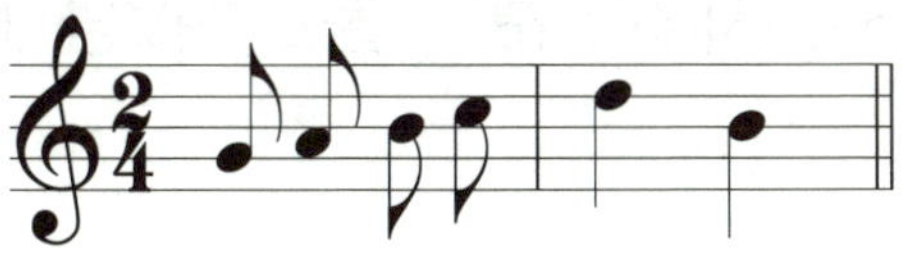

① 라 ② 시 ③ 도 ④ 레

8. 다음 악기의 이름은 무엇입니까? ( )

① 캐스터네츠 ② 탬버린
③ 피아노 ④ 실로폰

마법 구두

1. 𝅝(온음표)로 그려야해~^^
2. 낮은 소리를 나타내는 표.
3. 꼬리가 많이 붙을수록 짧은 음표!
4. 박자치기를 해보면 찾을 수 있어~
5. $\frac{3}{4}$박자에 맞춰 박자젓기로 해 보자!

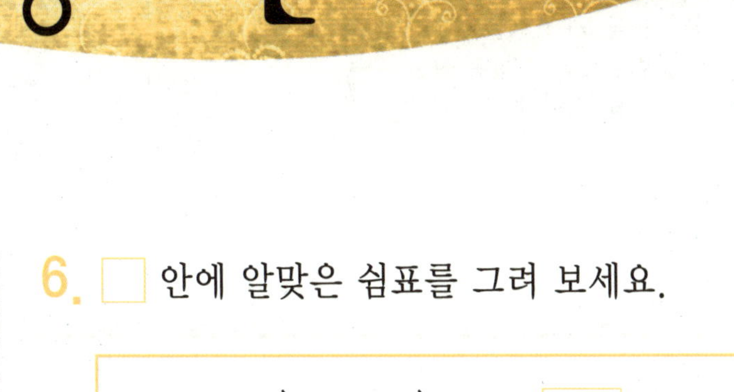

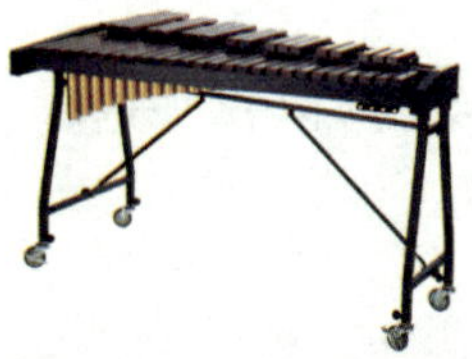

4. 다음 중 $\frac{3}{4}$ 박자 리듬치기가 아닌 것은 어느 것입니까? ························· (   )

① 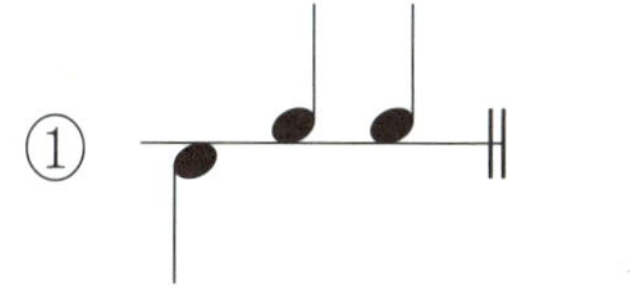 ② 

③  ④ 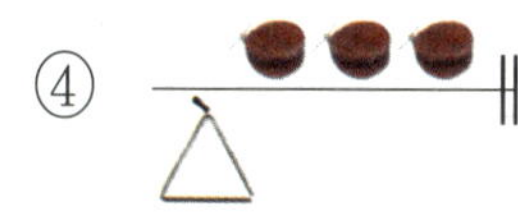

5. 다음 중 $\frac{3}{4}$ 박자젓기는 어느 것입니까? (   )

9. 다음 중 겹세로줄은 어느 것입니까? ······ (   )

① ② ③ ④

10. ☐ 안에 알맞은 우리 나라 음이름을 써 보세요.

다 – ☐ – 마 – 바 – 사 – ☐ – 나

6. ♩ = 4분쉼표

7. 노래를 불러보면 금방 찾을 수 있어~

8. 잘 생각해 봐!

9. ‖과 ‖을 헷갈리지 마~^^

10. 도–레–미–파–솔–라–시

셈여림표

박자에 따라 셈여림이 달라집니다.

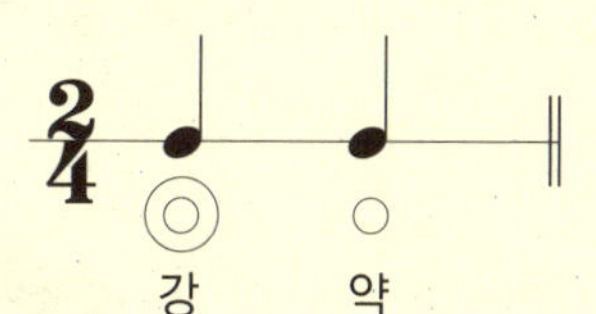

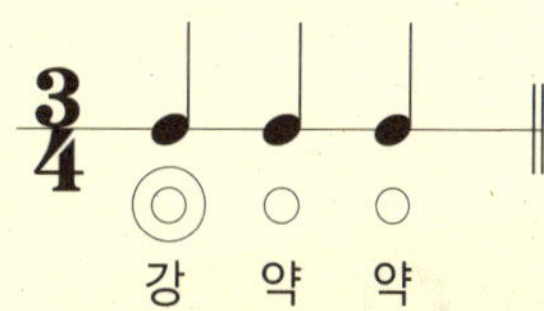

평가 문제

월   일

점수

1. 색칠한 부분의 이름은 무엇입니까? ……… (   )

① 오선   ② 윗덧줄
③ 아랫덧줄   ④ 세로줄

2. 윗덧줄의 온음표를 따라서 그리고, 계이름을 써 보세요.

3. ☐ 안에 알맞은 계이름 써 보세요.

도 - ☐ - 미 - ☐ - 솔 - 라

6. 아기를 재우면서 부르는 노래를 무엇이라고 합니까? …………………………………………… (   )

① 소풍놀이
② 일노래
③ 자장가
④ 뱃노래

7. 다음 악보에 나오지 않은 계이름은 어느 것입니까? ……………………………………… (   )

① 도   ② 시   ③ 라   ④ 미

마법 구두
1. 오선과 덧줄을 잘 구분해!
2.  위의 도
3. 다-라-마-바-사-가
4. 4/4 박자에 맞춰 박자젓기를 해 보자!
5. ▬ 는 온쉼표!

4. 다음 중  박자젓기는 어느 것입니까? (　　　)

① ② ③ ④

5. 다음 쉼표와 길이가 같은 음표는 어느 것입니까? ·· (　　)

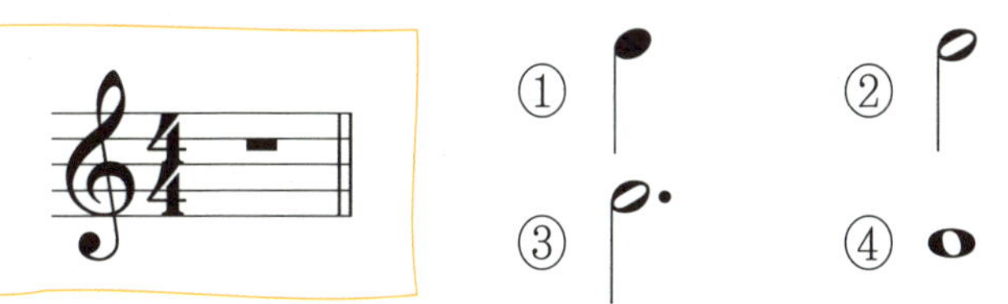

① ② ③ ④

8. 맞는 것끼리 줄로 이어 보세요.

① •　　　• ㉠ 소고

② •　　　• ㉡ 큰북

③ •　　　• ㉢ 탬버린

※ 다음 악기 소리를 알맞게 표현한 것끼리 줄로 이어 보세요(9~10).

9. 캐스터네츠 •　　　• ㉠ 찰찰찰

10. 탬버린 •　　　• ㉡ 짝짝짝

6. "자장 자장 우리 아가~"

7. 계이름으로 불러 봐~

8. 비슷하게 생겼지만 잘 생각하면 쉽게 찾을 수 있어!

9. 

10. 

박자젓기

읽기	박자젓기	리듬	읽기	박자젓기	리듬
4분의 2박자			4분의 4박자		
4분의 3박자			8분의 6박자		

평가문제

월   일

점 수

1. ◯ 안에 계이름을 써 보세요.

2. 다장조의 음계를 2분음표로 그려 보세요.

도 레 미 파 솔 라 시 도

3. 다음 줄의 이름은 무엇입니까? ········· (   )

① 붙임줄   ② 세로줄

③ 이음줄   ④ 덧줄

6. 다음 중 현악기는 어느 것입니까? ········· (   )

① 피아노   ② 바이올린

③ 큰북   ④ 플루트

7. ◯ 안에 계이름을 써 보세요.

8. 다음 기호의 설명으로 알맞은 것은 어느 것입니까? ──────────────────── (   )

① 음의 길이를 늘여 준다

② 음을 짧게 끊는다

③ 음을 특히 세게 소리낸다

4. 다음 기호의 뜻은 무엇입니까? ·············· (   )

① 세게   ② 여리게

③ 조금 세게   ④ 조금 여리게

5. 다음 기호의 이름은 무엇입니까? ············ (   )

① 올림표   ② 내림표

③ 제자리표   ④ 늘임표

※ 점음표의 길이에 맞게 색칠해 보세요(9~10).

9.

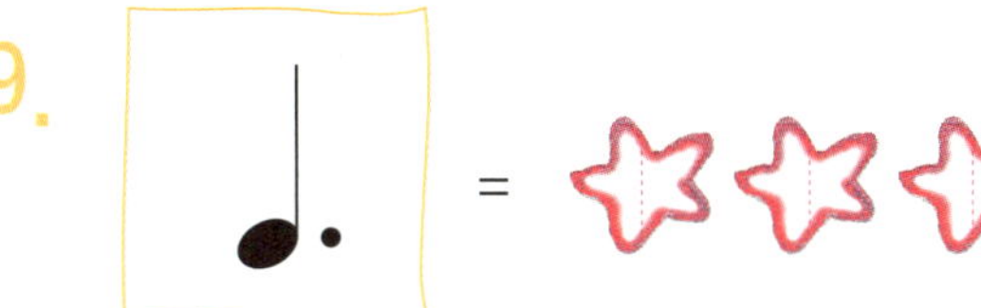

10.

탬버린 주법

탬버린

음표	이름	연주법
♩	북면치기	가죽면 가운데를 두드립니다.
𝄥	잘게 흔들기(트레몰로)	테를 잡고 손목을 좌우로 흔듭니다.
↓	테치기	탬버린의 가장자리인 테를 칩니다.

평가 문제

월 일

점수

1. 옛부터 전해 오는 우리나라 전통 동요로, 작곡자와 작사자가 알려져 있지 않은 노래를 무엇이라 합니까? .... ( )

① 외국 민요 ② 전래 동요

③ 창작 동요 ④ 가요

2. ☐ 안에 알맞은 우리 나라 음이름은 무엇입니까? .... ( )

다 - 라 - ☐ - 바 - 사

① 가 ② 나 ③ 마 ④ 아

3. 다음 기호의 이름은 무엇입니까? .... ( )

① 마디 ② 세로줄

③ 도돌이표 ④ 박자표

※ 다음 보기를 보고 물음에 답하세요(6~7).

보기

6. 위 악보는 몇 분의 몇 박자의 리듬치기입니까? .... ( )

① $\frac{2}{4}$ ② $\frac{3}{4}$ ③ $\frac{4}{4}$ ④ $\frac{6}{8}$

7. 위 악보에서 캐스터네츠는 모두 몇 번을 쳐야 합니까? .... ( )

① 2번 ② 3번 ③ 4번 ④ 5번

마법 구두 

1. 옛부터 전해 오는 우리나라 전통 동화는 전래 동화!

2. 도-레-미-파-솔

3. 처음으로 돌아가는 기호

4~5. 
도

※ ◯ 안에 계이름을 써 보세요(4~5).

4. 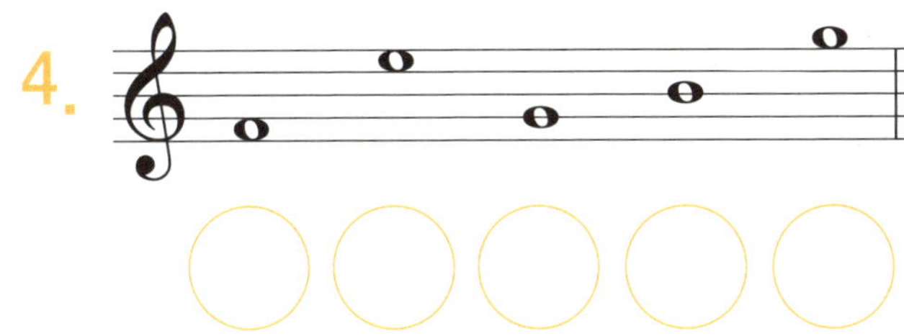

◯ ◯ ◯ ◯ ◯

5. 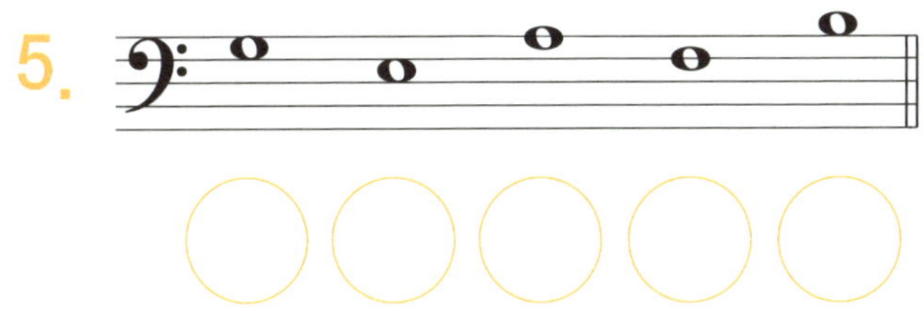

◯ ◯ ◯ ◯ ◯

8. 다음 리듬에 알맞은 리듬기호를 그려 보세요.

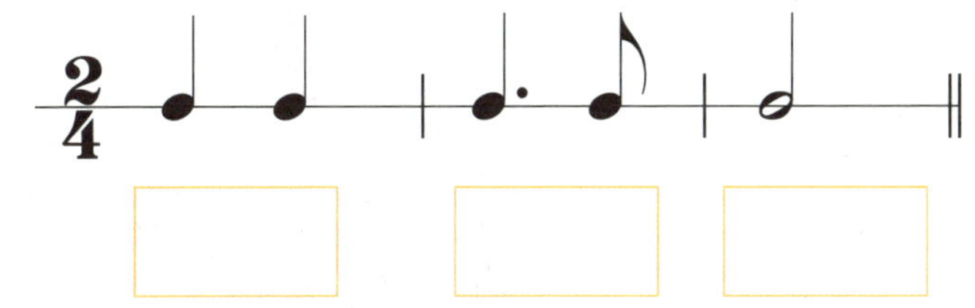

※ ☐ 안에 알맞은 음표와 쉼표를 그려 보세요 (9~10).

9. 𝄽. = 𝄽 + ☐

10. ♩. = ♩ + ♩ + ☐

독일의 작곡가인 베토벤은 재능과 노력으로 인해 많은 곡을 작곡한 훌륭한 작곡가 입니다.

그러나 그의 귀에 문제가 생겨 귀가 들리지 않게 되자 크게 낙심했습니다. 그럼에도 불구하고

우리가 흔히 알고 있는 운명교향곡이나 합창교향곡을 작곡하는 놀라운 능력을 가진 작곡가입니다.

노랑마을 통과! 이제 초록마을로!

평가 문제

월   일

점 수

1. 색칠한 줄의 이름은 무엇입니까? ············ (   )

① 가로줄   ② 덧줄

③ 세로줄   ④ 마디

2. 다음 온음표의 계이름은 무엇입니까? ······ (   )

① 솔   ② 라

③ 시   ④ 도

3. ◯ 안에 계이름을 써 보세요.

6. 다음 중 가장 높은 음을 소리내는 것은 어느 것입니까? ───────────────── (   )

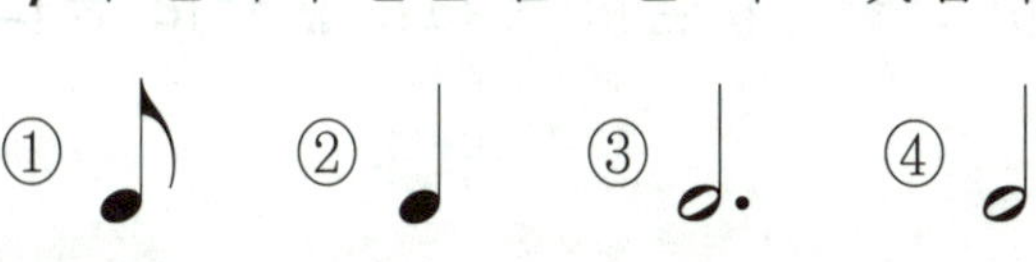

7. 다음은 무엇을 하는 사진입니까? ············ (   )

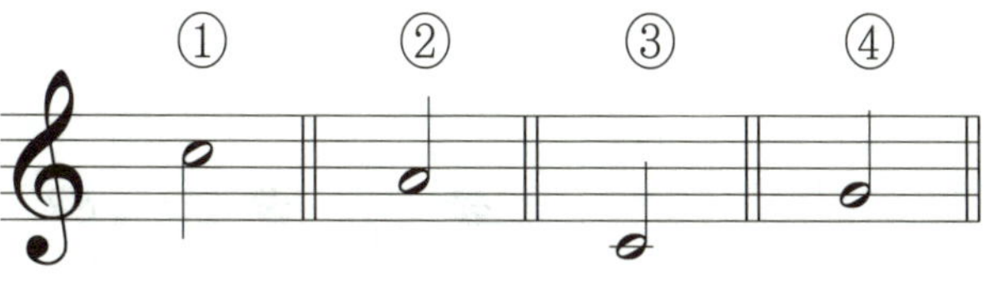

① 윷놀이

② 쥐불놀이

③ 달맞이놀이

④ 풍물놀이

8. ♪와 길이가 같은 음표는 어느 것입니까?(   )

① ♪   ② ♩   ③ ♩.   ④ ♩

마법 구두

1. 오선과 덧줄을 잘 구분!

2. 도

3. 솔

4. ⋁⋁⋁⋁

5. ① 짝짝짝 ② 찰찰찰

4. 다음 중 길이가 가장 긴 음표는 어느 것입니까? ……………………………………… (　　)

① 𝅝　② ♪　③ ♩　④ ♩.

5. 맞는 것끼리 줄로 이어 보세요.

① 　　　•　　　•㉠ 탬버린

② 　　　•　　　•㉡ 캐스터네츠

※ 맞는 것끼리 줄로 이어 보세요(9~10).

9. 　　•㉠ 

10.  + 　　•㉡

트라이앵글 연주하기

왼손으로 트라이앵글에 달린 끈을 가볍게 잡고, 오른손으로 쇠막대를 잡고 쇠막대로 트라이앵글을 칩니다.

캐스터네츠 연주하기

왼손 위에 캐스터네츠를 올리고 오른손으로 가볍게 칩니다.

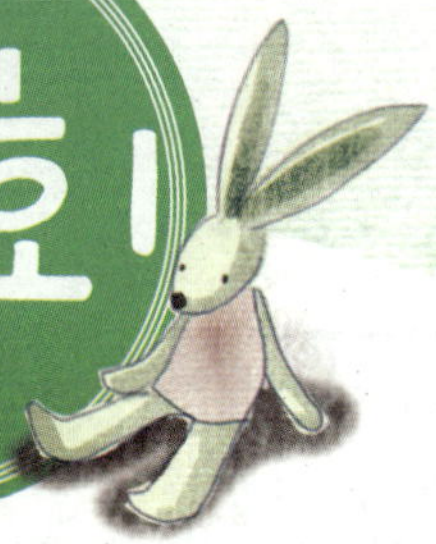

평가문제

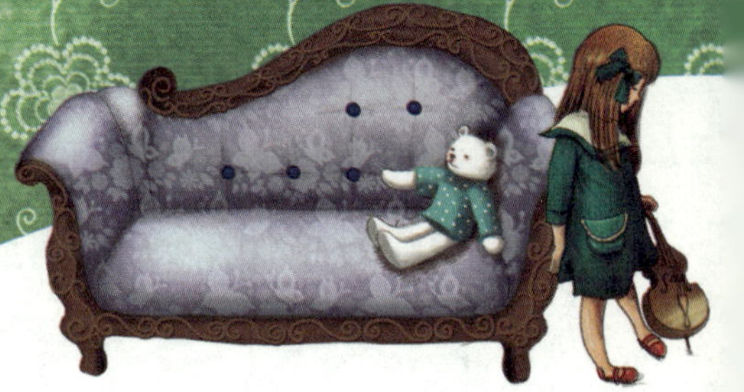

월 　 일

점 수

1. 다음 음의 계이름은 무엇입니까? ……… (　　)

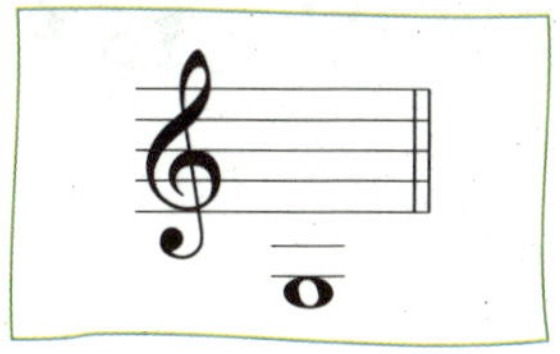

① 도　　　　② 시
③ 라　　　　④ 솔

2. 다음 중 음표의 이름이 잘못된 것은 어느 것입니까? ——————— (　　)

① ♩ – 4분음표　　② ♪ – 8분음표
③ ♩. – 점4분음표　　④ – 2분음표

3. 색칠한 건반의 계이름은 무엇입니까? …… (　　)

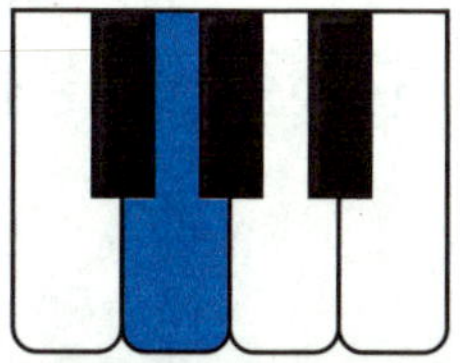

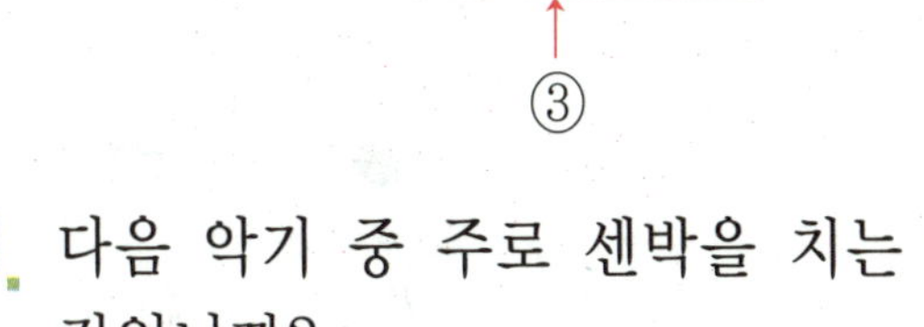

① 도　　　　② 시
③ 라　　　　④ 솔

6. ♩와 길이가 같은 음표는 어느 것입니까?(　　)

① ♪　　② ♩　　③ ♩.　　④ ♩

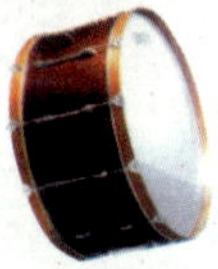

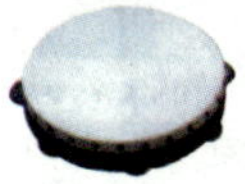

7. 트라이앵글은 어느 부분을 쳐야 가장 맑은 소리가 납니까? ……………… (　　)

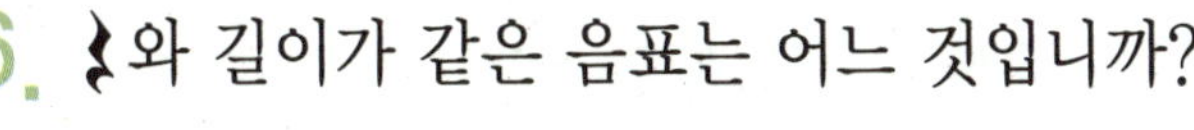

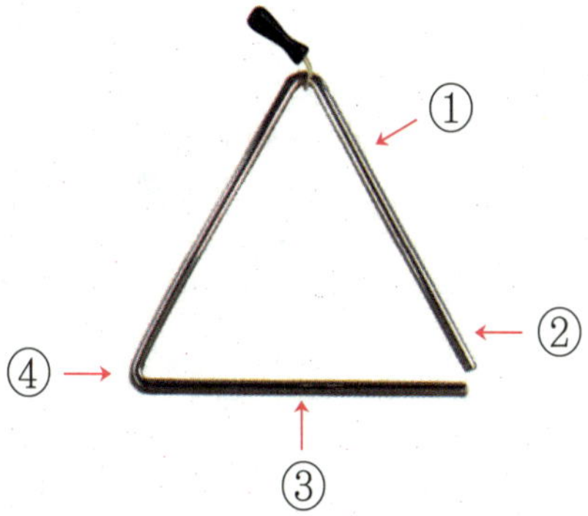

8. 다음 악기 중 주로 센박을 치는 악기는 어느 것입니까? ——————————— (　　)

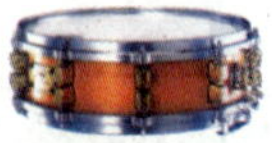

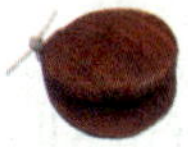

마법 구두

1. 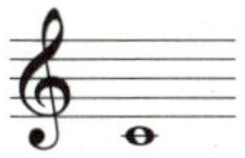 도

2. ♩ = V , ♪ = \
　 ♩. = \\/\ , ♪ = \

3. 검은건반이 3개 있는 곳의 계이름~^^

4. 비슷하게 생긴 두 개의 쉼표를 잘 구분하자~^^

5. 탬버린을 흔들고 있는 그림!

4. 다음 쉼표의 이름을 써 보세요.

①  ➡

② ➡

5. 다음 그림과 같은 탬버린의 연주 방법은 무엇입니까? ·· (   )

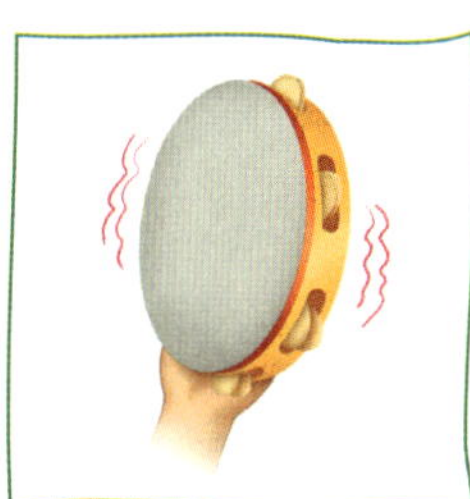

① 테치기
② 북면치기
③ 잔결 소리내기
④ 북면 두드리기

※ 맞는 것끼리 줄로 이어 보세요(9~10).

9. $\frac{2}{4}$ ·

· ㉠ 

10. $\frac{3}{4}$ ·

· ㉡ 

리듬악기

소리의 높낮이는 연주하지 못하지만, 리듬은 연주할 수 있는 악기를 말합니다.

센박 리듬악기	여린박 리듬악기

21회 평가문제

월 일

점 수

1. 다음 온음표의 계이름은 무엇입니까? ········ (   )

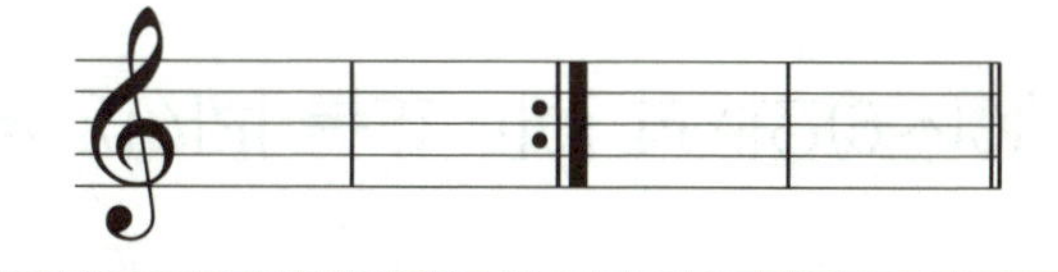

① 미라솔 ② 솔도라
③ 솔시라 ④ 도미레

2. 다음 온음표의 계이름은 무엇입니까? ········ (   )

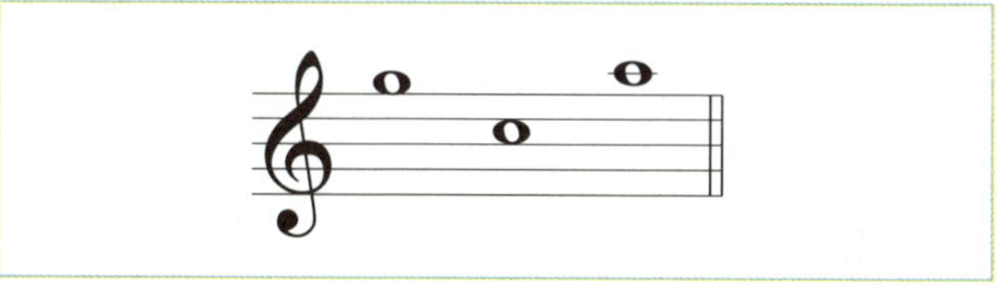

① 도 ② 솔
③ 미 ④ 레

3. 다음 중 센박을 치는 악기가 아닌 것은 어느 것입니까? ········ (   )

① 작은북 ② 큰북
③ 심벌즈 ④ 트라이앵글

6. □ 안에 알맞은 리듬기호는 어느 것입니까?(   )

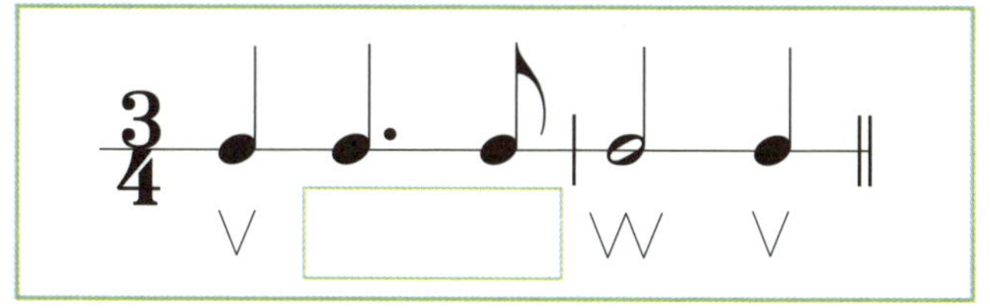

① ∨ ∨ ② \ /\/ ③ \/\/ ∨ ④ \/\ /

7. 다장조의 으뜸음 '도'에 해당되는 건반 번호는 어느 것입니까? ········ (   )

8. 다음은 모두 몇 마디를 연주해야 됩니까?(   )

① 4마디 ② 5마디 ③ 6마디 ④ 8마디

마법 구두

1.

2.

3. 잘 생각해 보면 풀 수 있어!

4. ♪ = \ , ♩ = ∨
♪. = ∨ , ♩. = \/\

5. 𝄾 = ♪

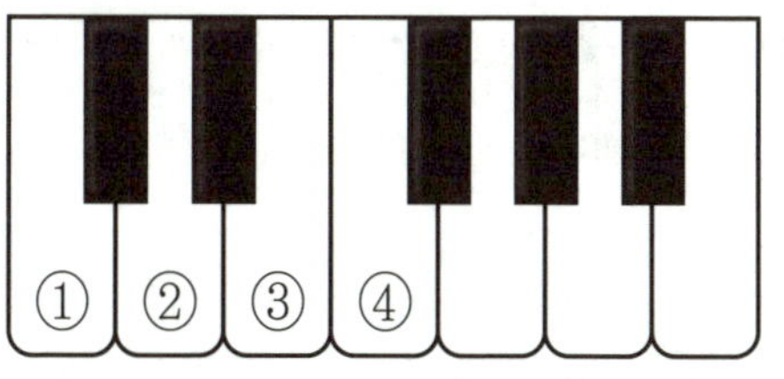

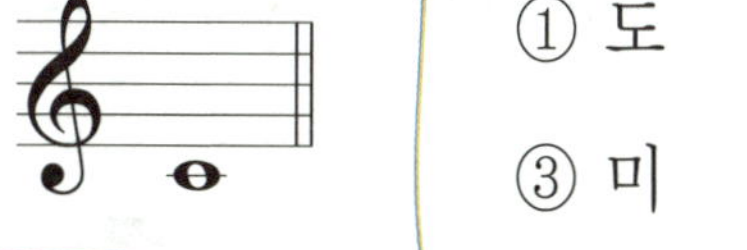

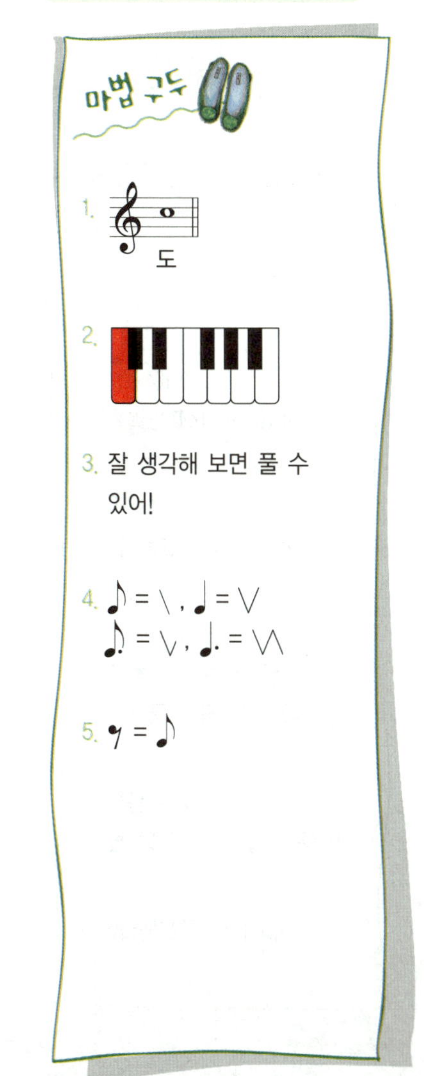

4. 다음 중 길이가 가장 긴 음표는 어느 것입니까? ·· (　　)

5. 다음 쉼표의 이름을 써 보세요.

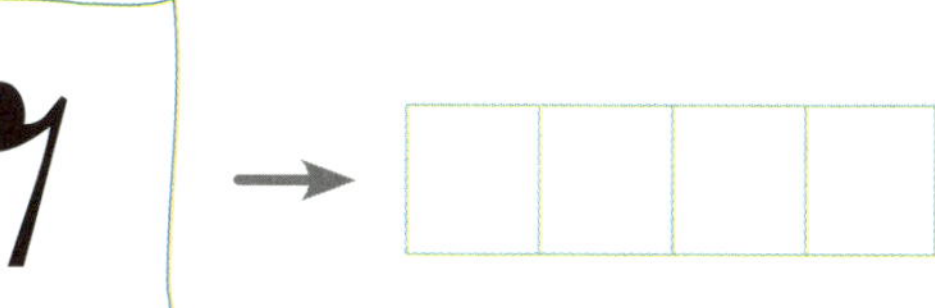

9. 박 수가 같은 것끼리 줄로 이어 보세요.

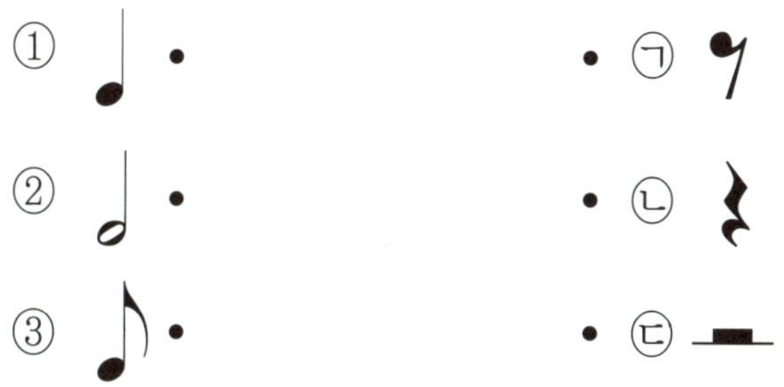

10. 다음 음표의 이름을 써 보세요.

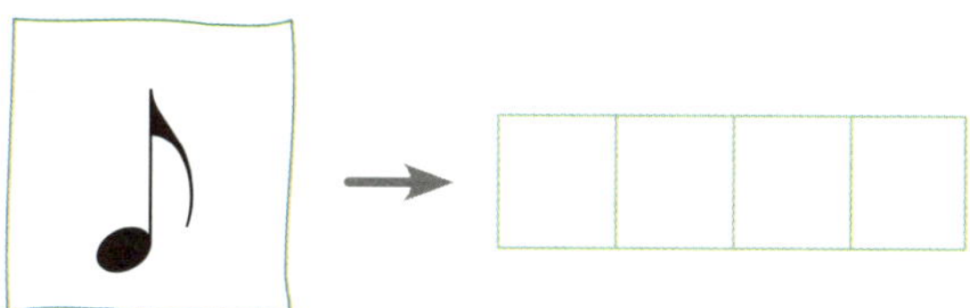

6. ♩ = ∨

7.

8. 도돌이표(:‖)에 주의!

9. 음표와 쉼표를 올바르게 연결해 봐^^

10. ♪ = ⅞(8분쉼표)

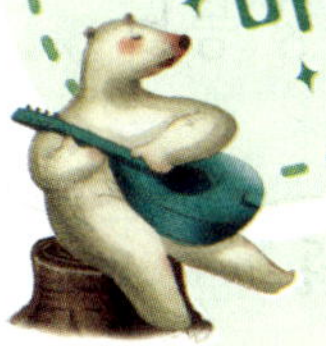

숨표와 쉼표의 차이점

숨표는! 숨을 짧게 쉽니다.
쉼표는! 그 쉼표의 길이만큼 쉽니다.
악보를 통해 알아봅시다! ^^

평가 문제

월   일

점 수

1. 다음 온음표의 계이름은 무엇입니까? ─── (   )

① 도   ② 레
③ 미   ④ 파

2. ○ 는 ♩ 의 몇 배 길이입니까? ─────────── (   )

① 2배   ② 3배   ③ 4배   ④ 6배

3. 다음 기호의 뜻은 무엇입니까? ─────── (   )

mp

① 여리게   ② 세게
③ 조금 여리게   ④ 조금 세게

6. 다음 온음표의 계이름은 무엇입니까? ─── (   )

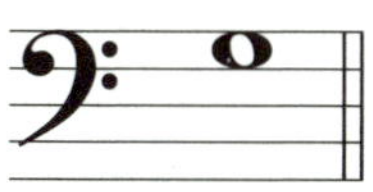

① 도   ② 시
③ 라   ④ 솔

7. ☐ 마디에 알맞은 리듬은 어느 것입니까?

─────────────────────── (   )

①    ② 
③    ④

마법 구두

1.  → 위의 도
   → 가운데 도

2. ♩ + ♩ = ○

3. *p* - 여리게

4. *f* - 세게

5. '찰찰찰' 소리내는
   악기야~

4. *mf*를 바르게 읽은 것은 어느 것입니까? (　　)

　① 메조 포르테　　② 포르테

　③ 메조 피아노　　④ 포르티시모

5. 다음 악기의 이름을 써 보세요.

※ 다음 보기를 보고, 물음에 답하세요(8~9).

보기

8. 길이가 가장 긴 음표는 어느 것입니까? (　　)

9. 길이가 가장 짧은 음표는 어느 것입니까?(　　)

10. 다음 악기의 이름은 무엇입니까?

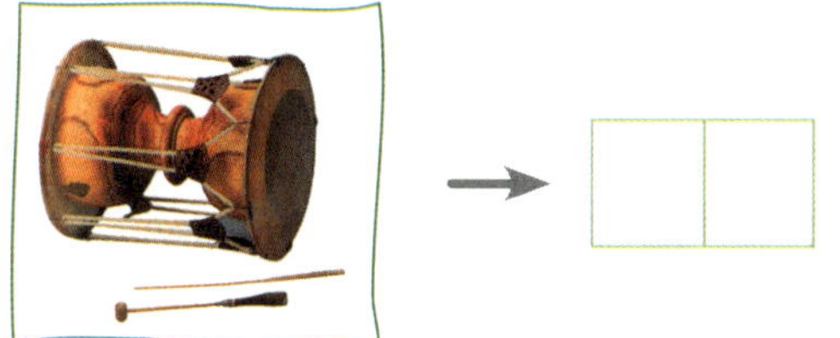

6.
도

7. 리듬기호는 \ / \ /
　입니다.

8~9. 음표 길이를 잘 생각해
　　보면 알 수 있어!

10. 장단을 칠 때 쓰는
　　악기!

장구

장구는 한국 전통 음악에서 널리 사용되는 악기로 장고, 또는 세고요라고도 불립니다.

민요나 전래 동요 등에 맞추어 장단치기에 가장 알맞은 악기이며, 모양은 옆과 같습니다.

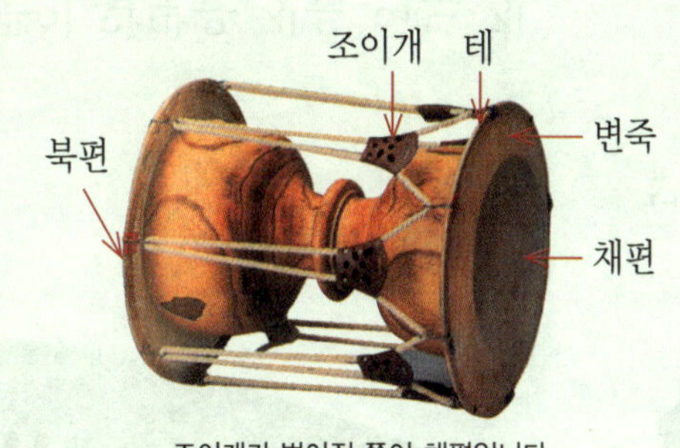

조이개가 벌어진 쪽이 채편입니다.

평가 문제

점 수

1. ◯ 안에 우리 나라 음이름을 써 보세요.

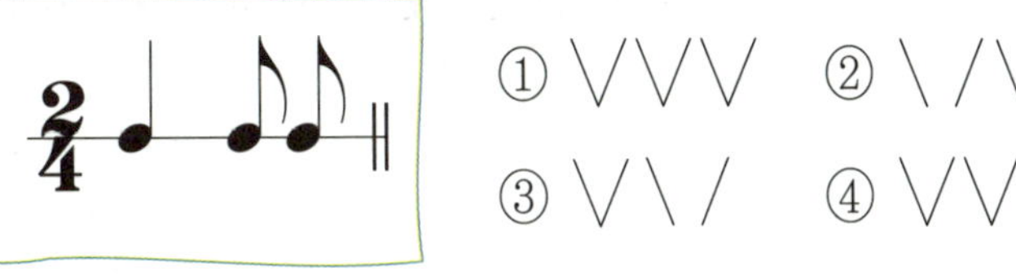

다 ◯ ◯ 바 ◯ 가 ◯ 다

2. 다음 리듬의 리듬치기로 알맞은 것은 어느 것입니까? ………………………………… (   )

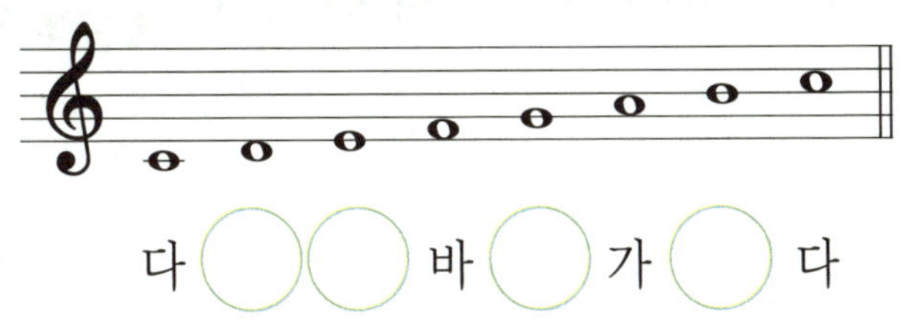

① Ｖ Ｖ Ｖ   ② ＼ ／ Ｖ

③ Ｖ ＼ ／   ④ Ｖ Ｖ

3. ♪♪와 리듬이 같은 것은 어느 것입니까?(   )

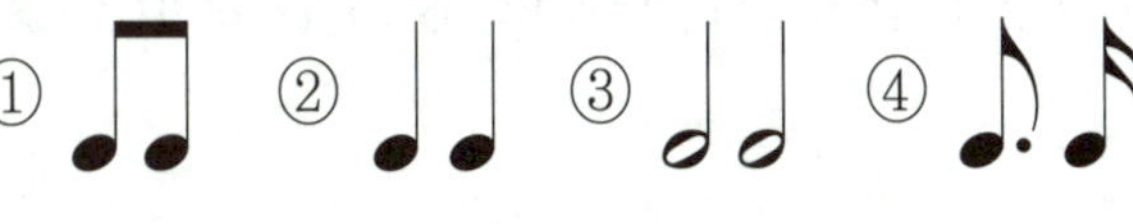

6. 다음 기호의 이름과 뜻이 알맞은 것은 어느 것입니까? ………………………………… (   )

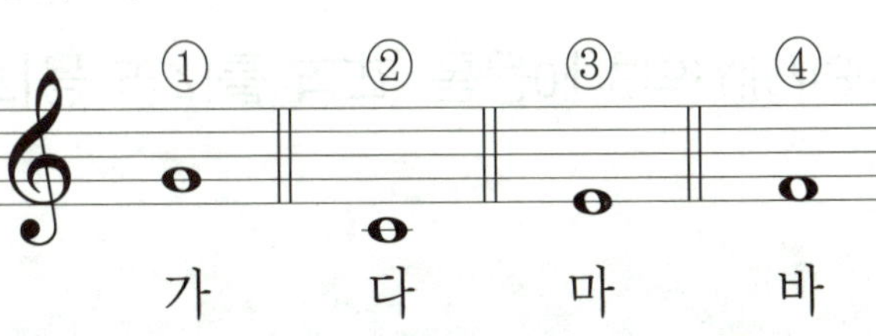

<이름>   <뜻>

① 포르테   －   세게

② 피아노   －   여리게

③ 메조 포르테 － 조금 세게

④ 메조 피아노 － 조금 여리게

7. 다음 표의 이름은 무엇입니까? ……………… (   )

① 쉼표   ② 조표

③ 숨표   ④ 음자리표

8. 다음 중 우리 나라 음이름이 잘못된 것은 어느 것입니까? ………………………………… (   )

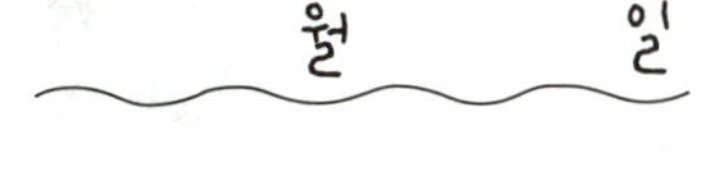

가   다   마   바

마법 구두

1. 도레미파솔라시도

2. ♩ = Ｖ

3. ♪♪의 꼬리는 연결해서~

4. 강약

5. 가운데 '다' 음!

4. 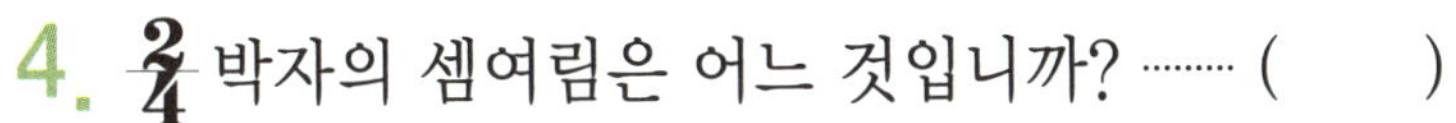 박자의 셈여림은 어느 것입니까? ········ (   )

① 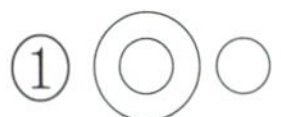　　　② 

③ 　　　④ 

5. 다음 온음표의 계이름을 써 보세요.

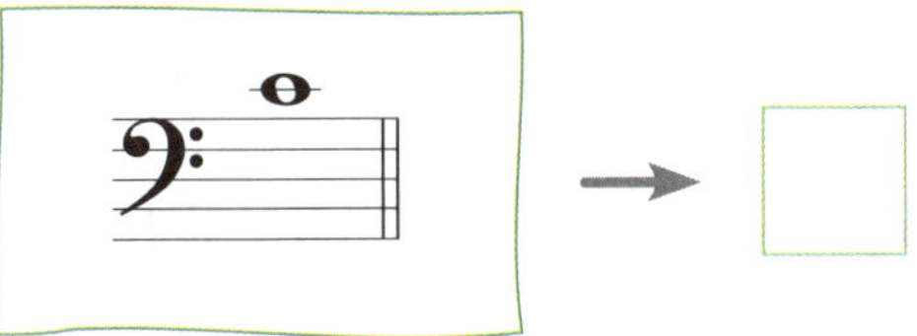 ➡ ☐

※ 다음은 소고의 연주법입니다.
　맞는 것끼리 줄로 이어 보세요(9~10).

9.  •

• ㉠ 테치기

10.  •

• ㉡ 북면치기

소고

소고는 풍물놀이에서 쓰이는 악기입니다.

연주방법은 소고를 왼손으로 들고 오른손에 채를 잡고 연주합니다.

평가 문제

월   일

점 수

1. 다장조의 으뜸음 '도' 는 어느 것입니까?(   )

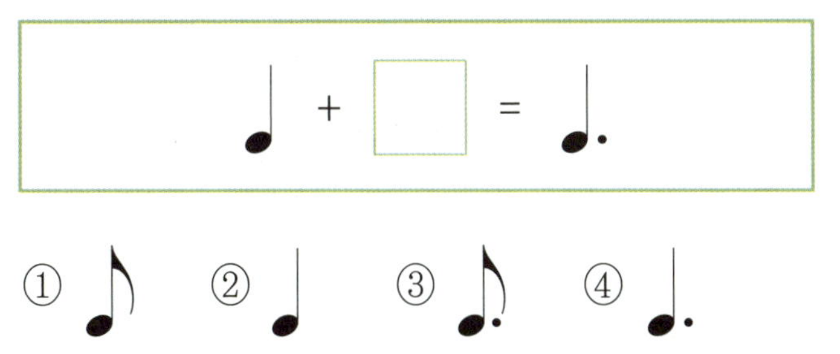

2. □ 안에 알맞은 음표는 어느 것입니까?(   )

3. 다음 기호의 이름은 무엇입니까? ……… (   )

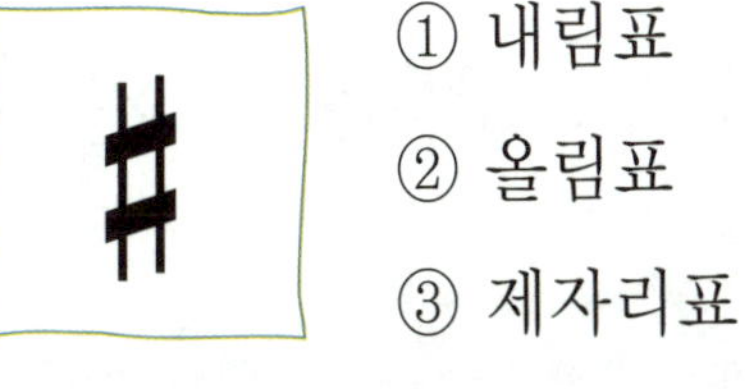

① 내림표

② 올림표

③ 제자리표

※ 다음 악보를 보고, 물음에 답하세요(6~9).

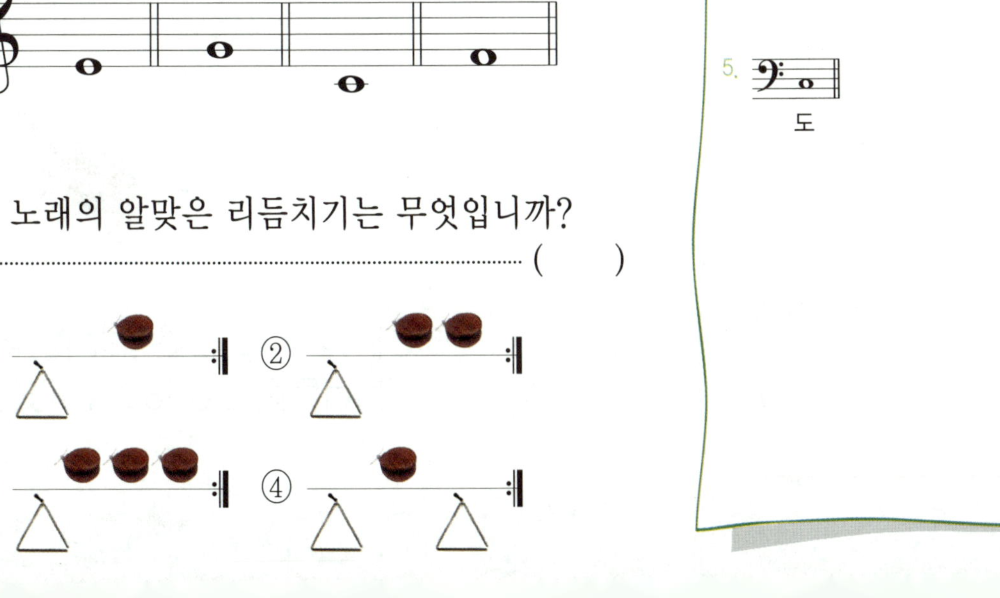

6. 위 노래의 으뜸음 '도' 는 어느 것입니까?(   )

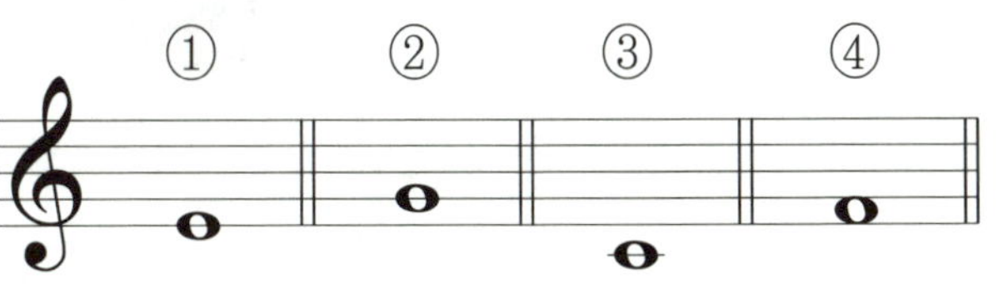

7. 위 노래의 알맞은 리듬치기는 무엇입니까?
——————————————— (   )

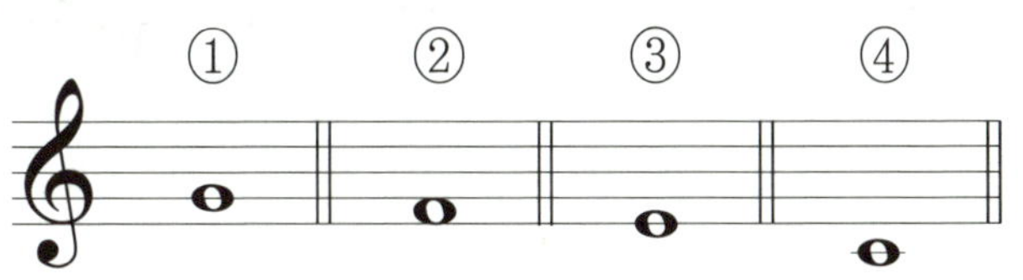

마법 구두

1. 다장조에서는 '다' 가 '도' !

2. ♩ = \/\/

3. 반음을 올릴 때 사용하는 기호~^^

4. ♪ 는 8분쉼표야~

5. 
도

4. 와 길이가 같은 음표는 어느 것입니까?(   )

① 𝅝 ② 𝅗𝅥 ③ ♩ ④ ♪

5. 다음 온음표의 계이름을 써 보세요.

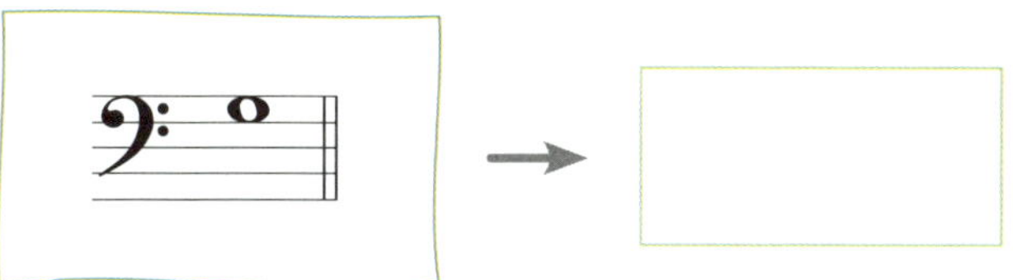

→ [   ]

8. 첫째 마디와 셋째 마디에 대한 설명으로 틀린 것은 어느 것입니까? ·············· (   )

① 가락이 다르다   ② 리듬이 같다

③ 계이름이 같다

9. 위 악보에 나오는 쉼표의 이름을 써 보세요.

[   ][   ][   ][   ]

10. 음표의 길이에 맞게 색칠해 보세요.

♩. = ☆☆☆☆

6. 이 노래는 다장조!

7. 이 노래는 $\frac{4}{4}$박자~

8. 계이름을 잘 비교해 봐^^

9. 𝄽의 이름

10. ♪ = ☆

오즈의 마법

숨은그림찾기

- 버섯
- 양동이
- 사과
- 우산
- 높은음자리표

25회 평가문제

월 일

점 수

1. □ 안에 알맞은 쉼표는 어느 것입니까?(   )

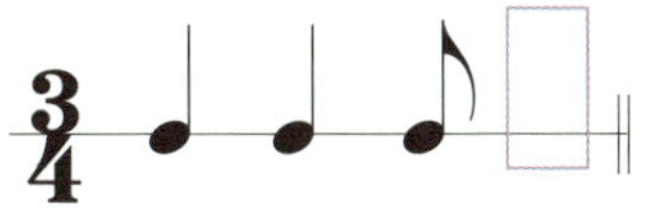

① 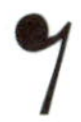 ② 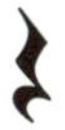 ③ 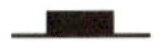 ④ 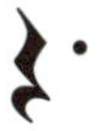

2. 다음 중 우리나라 전통 악기는 어느 것입니까? .... (   )

①
②
③
④

※ 다음 악보를 보고, 물음에 답하세요(6~9).

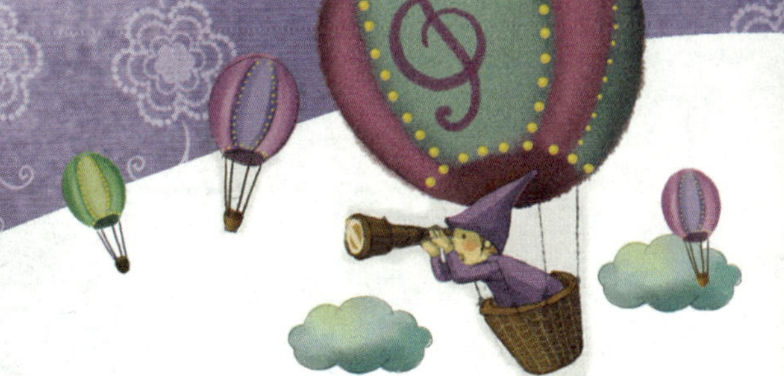

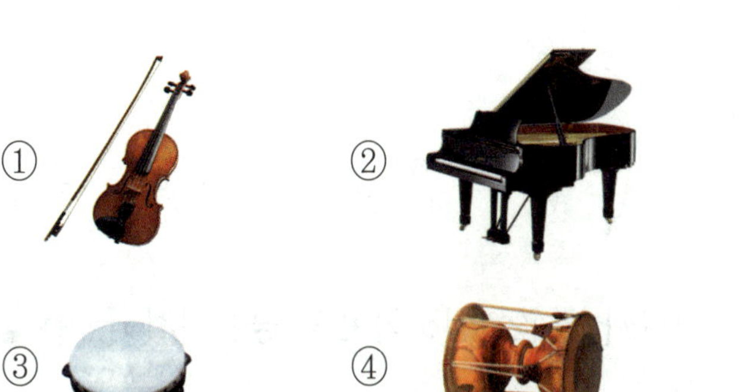

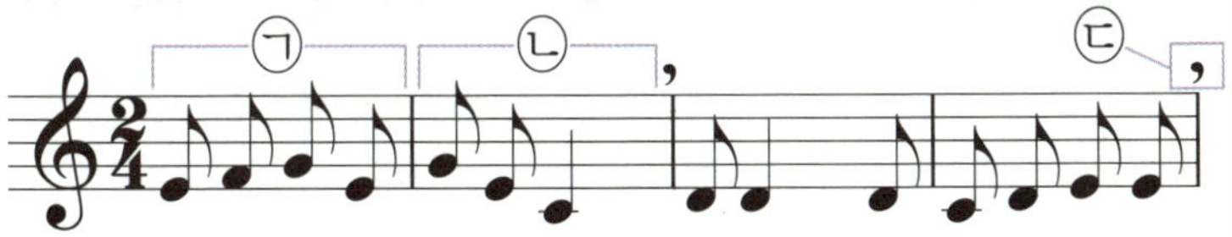

6. 위 노래는 어떤 셈여림으로 불러야 합니까? .... (   )

① ◎○ ② ◎○◎
③ ◎○○ ④ ◎◎◎

7. ㉠에는 8분음표가 몇 개 있습니까? ...... (   )

① 2개 ② 3개
③ 4개 ④ 5개

8. ㉡의 리듬을 맞게 읽은 것은 어느 것입니까? .... (   )

① 딴딴 ② 따따딴
③ 딴따따 ④ 땃띠딴

마법 구두

1. ♪ = 𝄾

2. ① 바이올린 ② 피아노
③ 탬버린 ④ 장구

3. 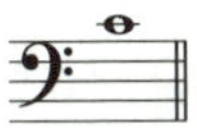
가운데 도

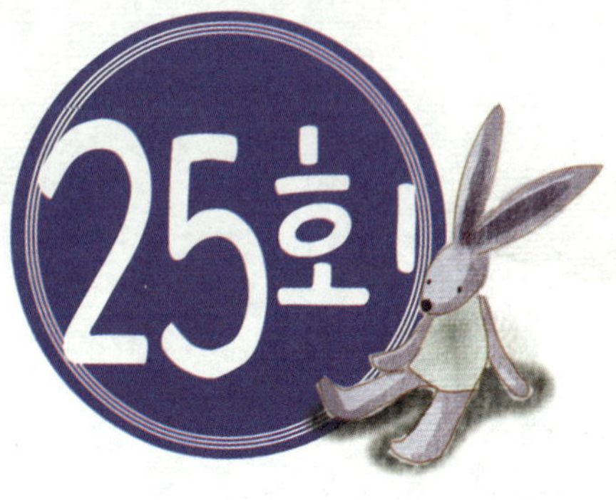

4~5. ♩ = ★

3. 다음 온음표에 알맞은 건반에 색칠해 보세요.

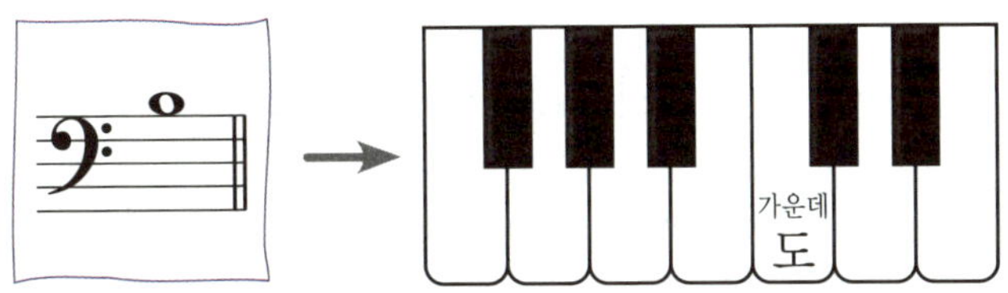

※ 맞는 것끼리 줄로 이어 보세요(4~5).

4.

5.

• ㉠

• ㉡

9. ㉢의 **,**가 있는 곳에서는 어떻게 합니까?(　　　)

① 숨을 쉬지 않는다
② 손뼉을 친다
③ 반 박을 쉰다
④ 재빨리 숨을 쉰다

10. 모두 몇 마디를 연주해야 하는지 써 보세요.

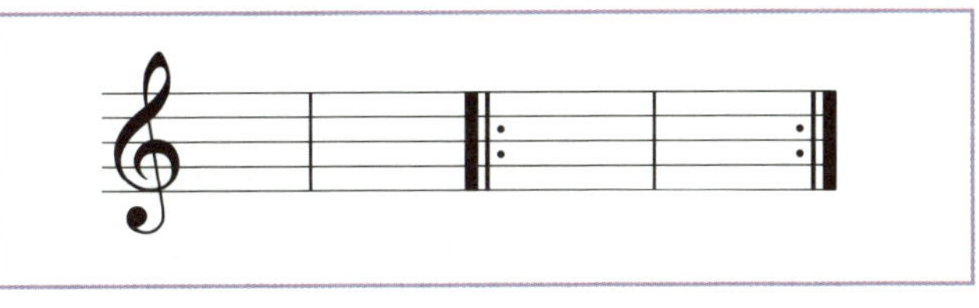

(　　　) 마디

6. $\frac{2}{4}$ 박자이므로 '강,약' 으로 불러~

7. 8분음표는 ♪야~

8. ♪ = 따
   ♩ = 딴
   으로 읽어~

9. **,** 는 숨표!

10. 도돌이표에 주의해!

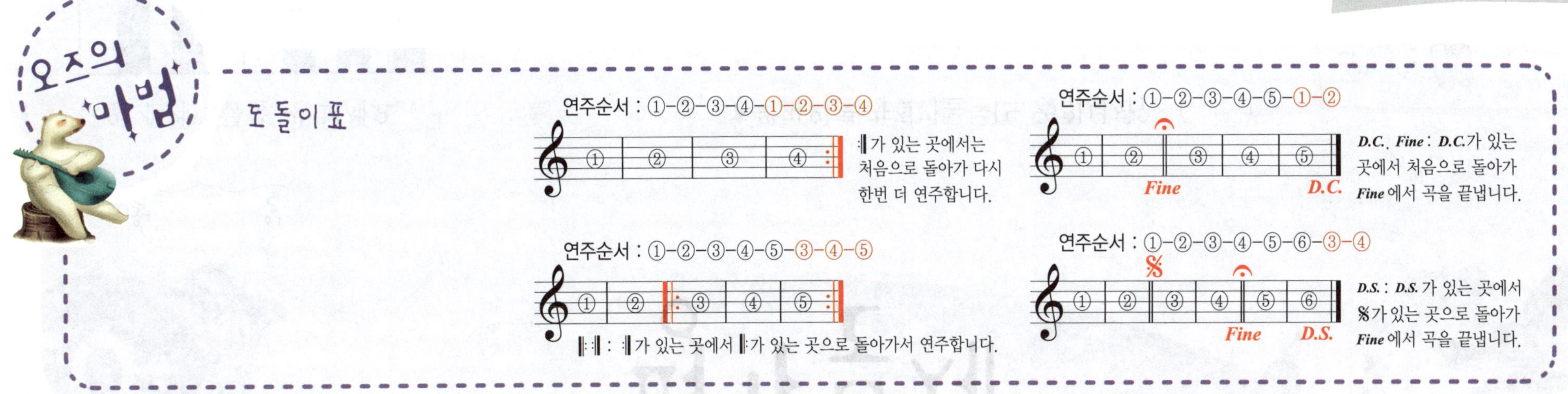

평가 문제

월 일

점 수

1. ◯ 안에 계이름을 써 보세요.

도 ◯ 미 ◯ 솔 ◯ 시

2. ▢ 안에 알맞은 음표는 어느 것입니까?( )

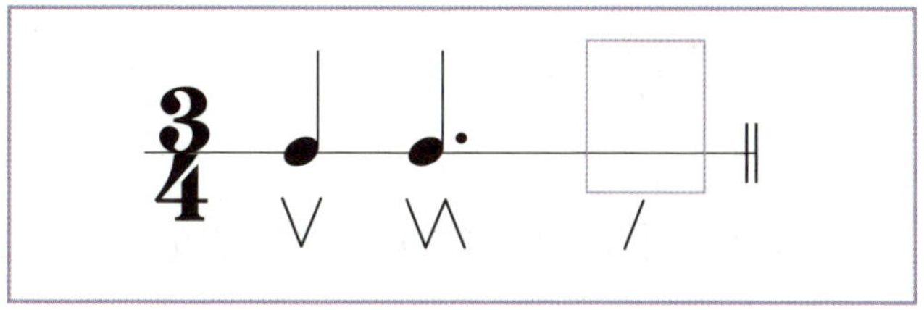

$\frac{3}{4}$

① ♪ ② ♩ ③ ♩ ④ o

3. 다음 줄의 이름은 무엇입니까? ·············· ( )

① 세로줄

② 겹세로줄

③ 끝세로줄

6. $\frac{4}{4}$박자의 박자젓기는 어느 것입니까? ( )

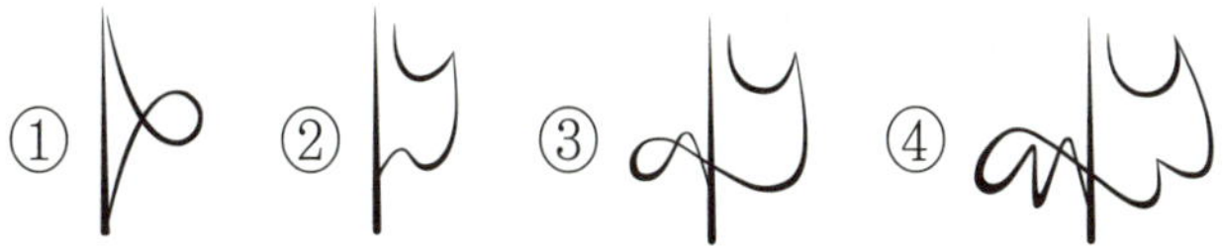

① ② ③ ④

7. 실로폰 채의 잡는 위치를 바르게 표시한 것은 어느 것입니까? ················· ( )

① ②

8. 실로폰을 칠 때 채의 각도로 알맞은 것은 어느 것입니까? ·················· ( )

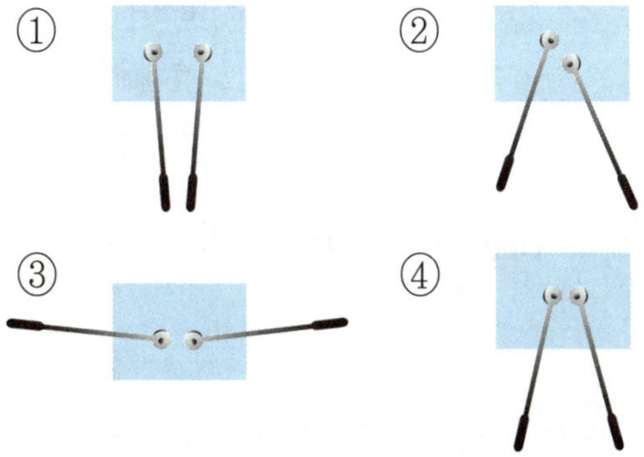

① ② ③ ④

마법 구두

1. 다 라 마 바 사 가 나

2. V + W + / = WW

3. 마디를 나눠주는 줄!

4. 우리나라 민속 악기에 대해서 잘 알아 봐봐~

5. ♩ = WW

4. 다음 중 징은 어느 것입니까? ┈┈┈┈┈┈┈┈ (　　)

① 　② 
③ 　④ 

5. 다음 음표와 길이가 같은 쉼표를 그려 보세요.

𝅗𝅥. = ☐

9. 음표와 리듬기호가 잘못 연결된 것은 어느 것입니까? ┈┈┈┈┈┈┈┈ (　　)

① ♩ = ∨　② 𝅗𝅥 = ∨∨
③ ♪ = ＼　④ 𝅗𝅥. = ∨∨∨

10. ☐ 안에 알맞은 음표를 그려 보세요.

𝅝 = 𝅗𝅥 + ♩ + ☐

6. 4/4 박자에 맞춰서 박자젓기를 해 보자!

7~8. 실로폰 채를 잘 잡아~

9. 𝄽 = ∨ , ▬ = ∨∨
𝄾 = ＼ , ▬· = ∨∨∨

10. 𝅝 = ♩ + ♩ + ♩ + ♩
𝅗𝅥. = ♩ + ♩ + ♩

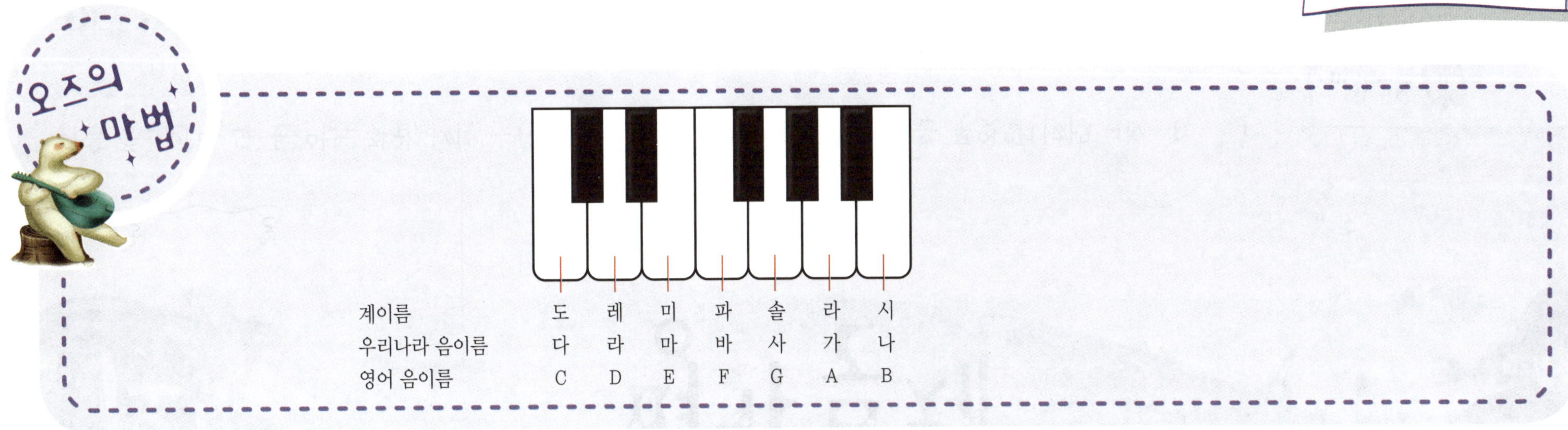

평가문제

월   일

점 수

1. 다음 중 '아래 도'는 어느 것입니까? ……( )

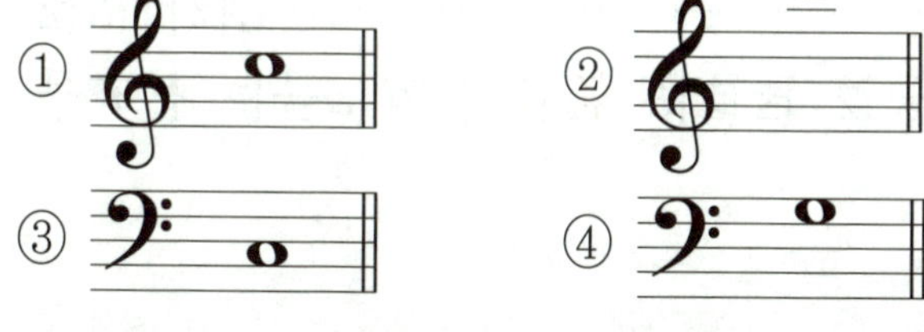

2. 다음 중 $\frac{3}{4}$박자의 리듬이 아닌 것은 어느 것입니까? ………………………… ( )

3. 다음은 몇 분의 몇 박자의 셈여림입니까?( )

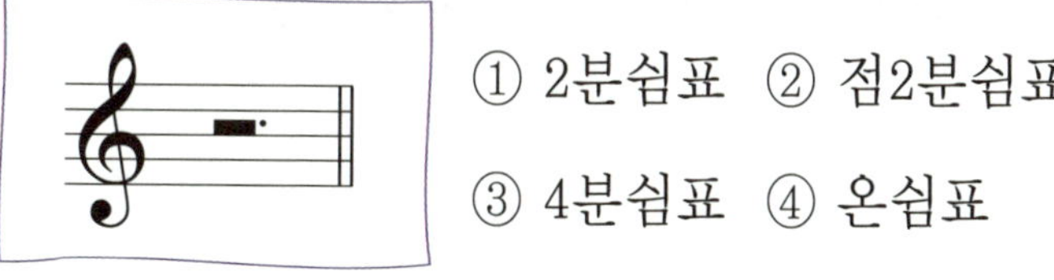

6. 다음 쉼표의 이름은 무엇입니까? ………… ( )

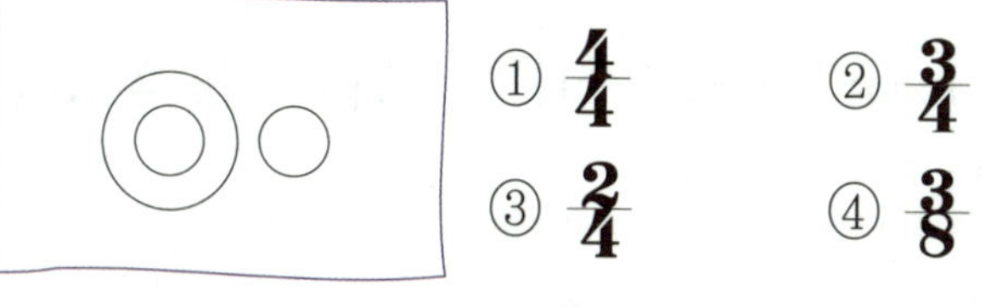

7. □ 안에 알맞은 음표는 어느 것입니까?( )

$$ \text{♩} + \boxed{} = \text{♩.} $$

8. 다음 중 계이름이 '도'가 아닌 것은 어느 것입니까? …………………………………… ( )

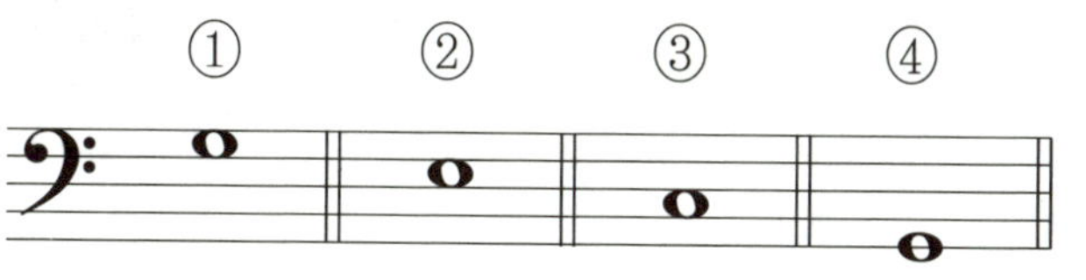

마법 구두

1. 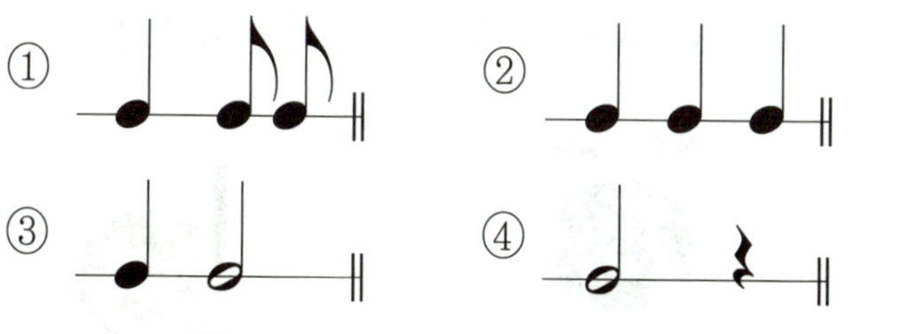
가운데 도

2. $\frac{3}{4}$박자는 한 마디에
4분음표가 3개 들어있어

3. 강약

4. 도-레-미-파-솔-라-시

5. 페르마타

4. ☐ 안에 알맞은 계이름 써 보세요.

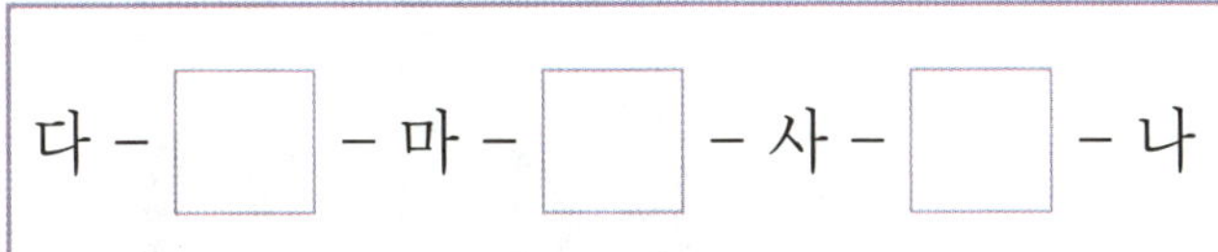

5. 다음 기호의 이름을 써 보세요.

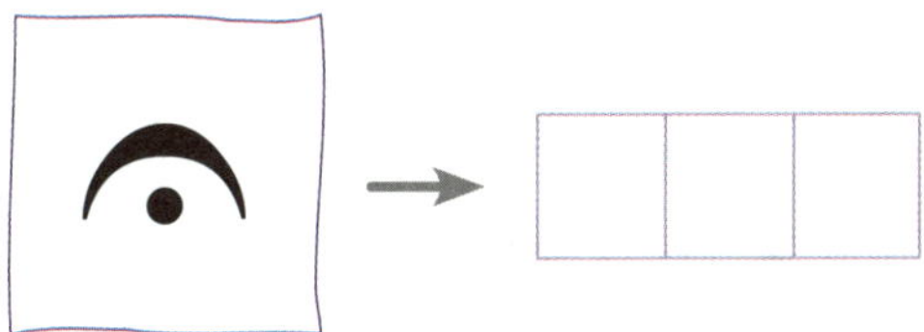

※ 맞는 것끼리 줄로 이어 보세요(9~10).

9.  •

• ㉠ 바장조

10.  •

• ㉡ 사장조

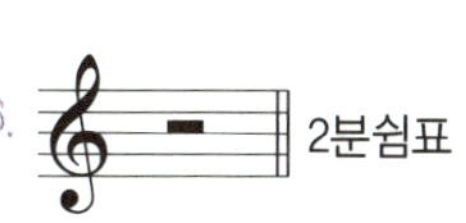

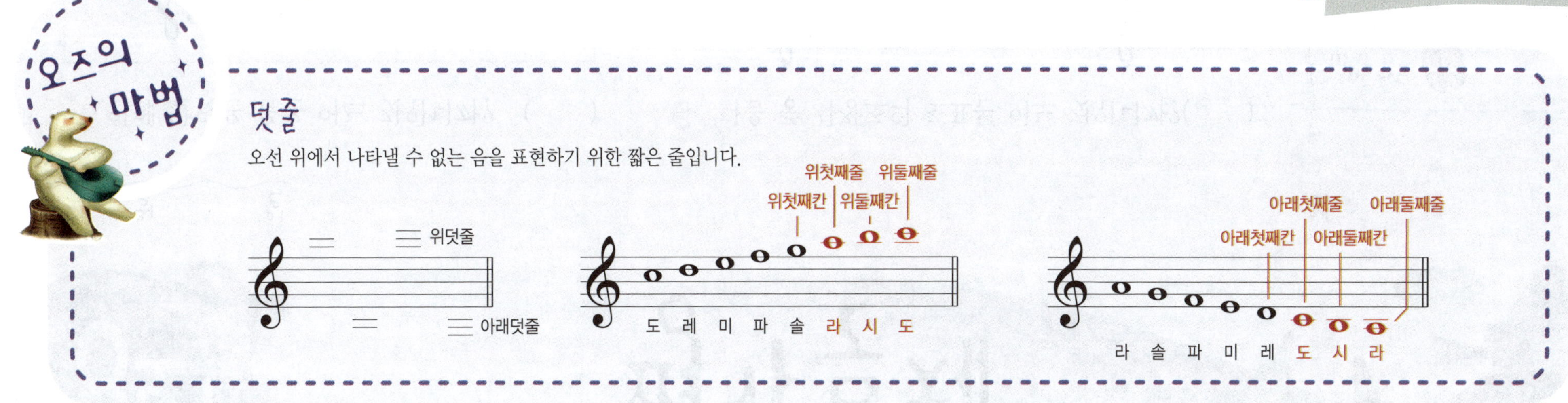

평가 문제

월   일

점 수

1. ☐ 안에 알맞은 음은 어느 것입니까? (   )

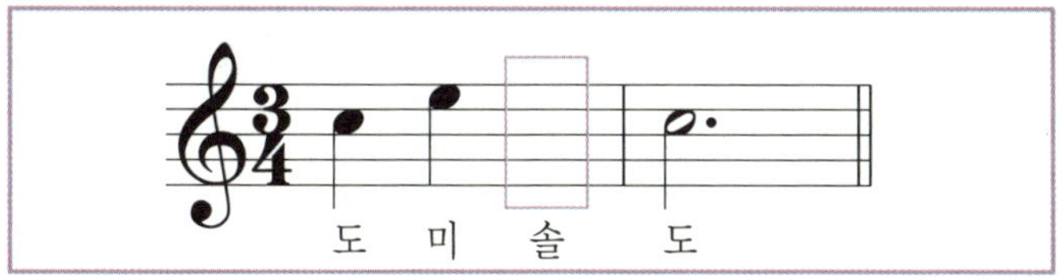

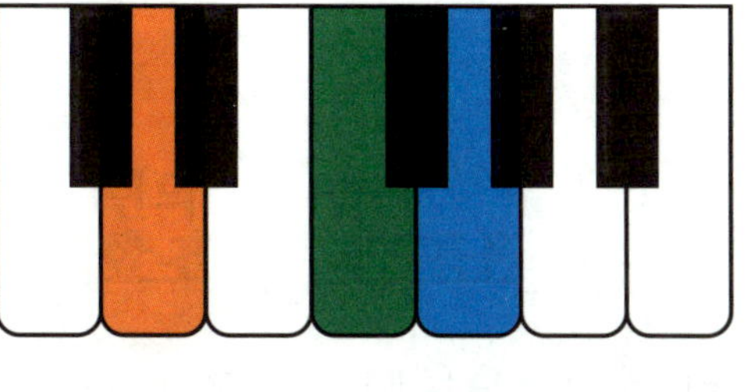

① ② ③ ④

2. 색칠한 건반의 계이름은 무엇입니까? ˙˙ (   )

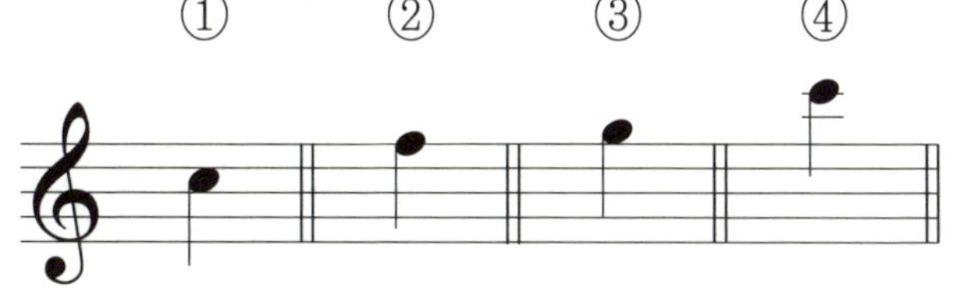

① 도미솔   ② 레미솔

③ 라도레   ④ 레파솔

6. 다음 중 사장조의 조표는 어느 것입니까?(   )

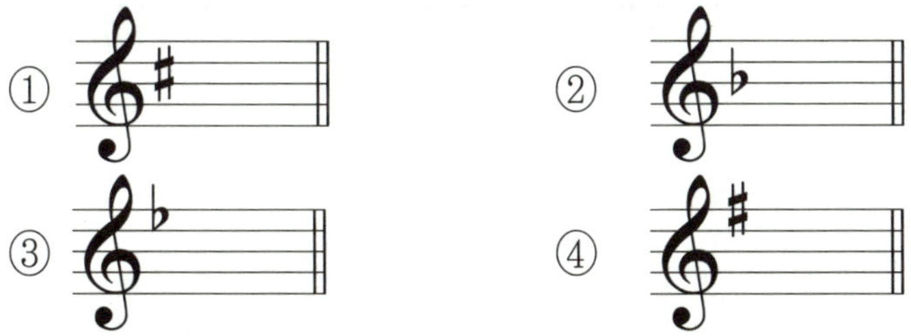

① ② ③ ④

7. 다음 중 사장조의 으뜸음 '도' 는 어느 것입니까? ⸺⸺⸺⸺⸺⸺ (   )

① ② ③ ④

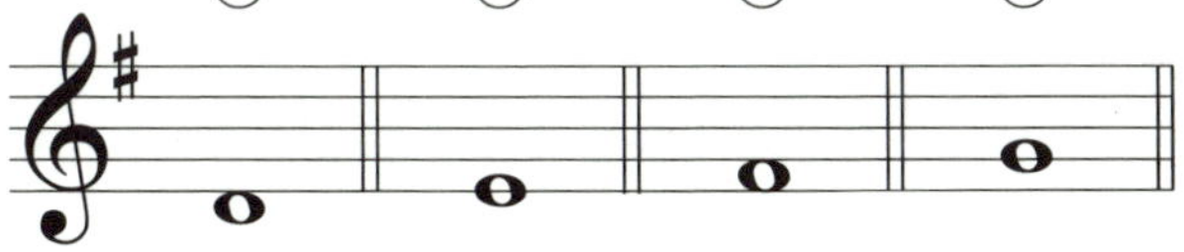

8. 음 길이가 짧은 것부터 순서대로 된 것은 어느 것입니까? ⸺⸺⸺⸺⸺ (   )

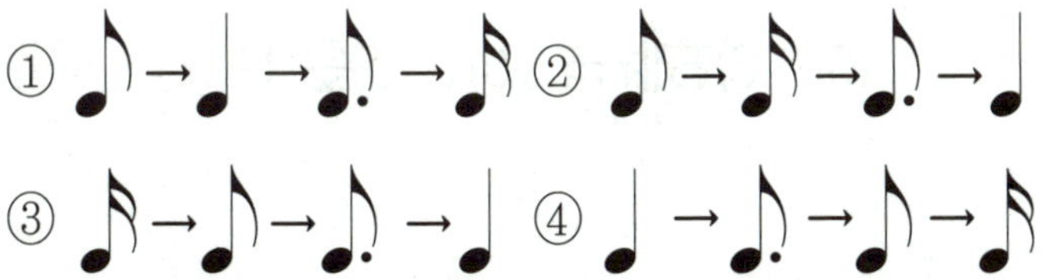

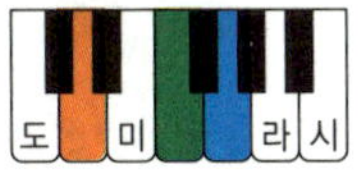

①   ②

③   ④

3. 다음 기호의 뜻은 무엇입니까? ┈┈┈┈┈┈ (　　)

① 점점 세게　　② 점점 여리게

③ 갑자기 세게　　④ 조금 여리게

4. *mf*의 뜻은 무엇입니까? ┈┈┈┈┈┈┈┈ (　　)

① 여리게　　　　② 조금 여리게

③ 조금 세게　　　④ 세게

5. 아래 오선에 4분쉼표를 그려 보세요.

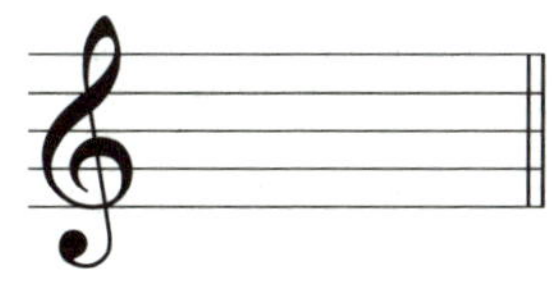

9. 다음 중 스타카토의 종류가 아닌 것은 어느 것입니까? ┈┈┈┈┈┈┈┈┈┈┈ (　　)

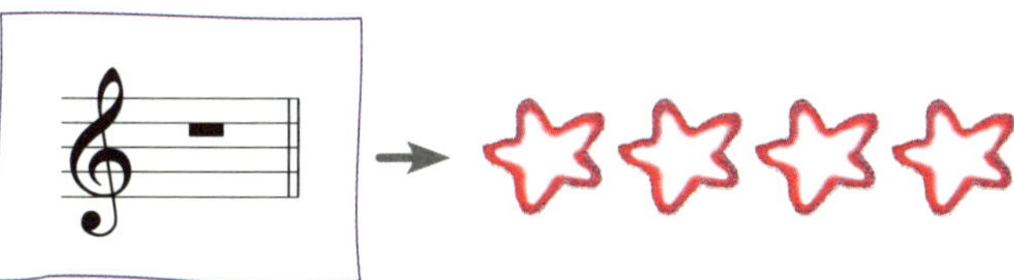

10. 쉼표의 쉬는 길이에 맞게 색칠해 보세요.

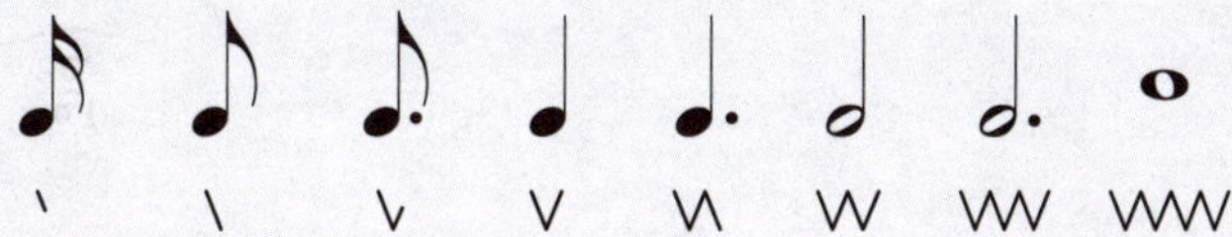

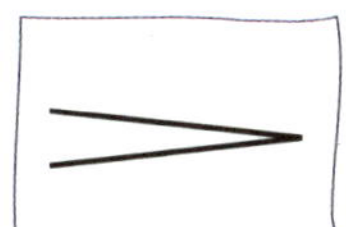

음표의 길이 순서

평가문제

월   일

점 수

1. 다음 표의 뜻은 무엇입니까? ·················· (   )

① 반음 내려준다
② 반음 올려준다
③ 제자리로 돌아온다
④ 크게 연주한다

2. ◯ 안에 계이름을 써 보세요.

3. 다음 중 탬버린의 북면치기는 어느 것입니까?
··· (   )

①   ②   ③

6. (   )안에 알맞은 이름은 무엇입니까? (   )

① 마디
② 세로줄
③ 겹세로줄
④ 끝세로줄

7. 사장조의 음계를 온음표(◐)로 그려 보세요.

4. 와 길이가 같은것은 어느 것입니까?(　　　)

① 　　② 

③ 　　④ 

5. 다음 쉼표의 이름을 써 보세요.

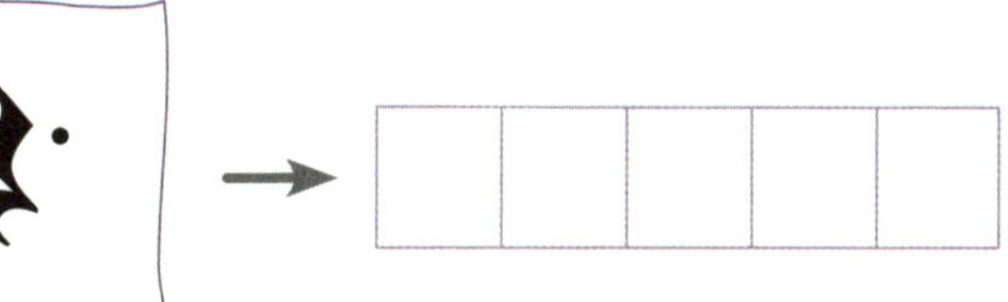 →

※ 맞는 것끼리 줄로 이어 보세요.(8~10)

8.  ·　　　· ㉠ 샤프

9.  ·　　　· ㉡ 내추럴

10.  ·　　　· ㉢ 플랫

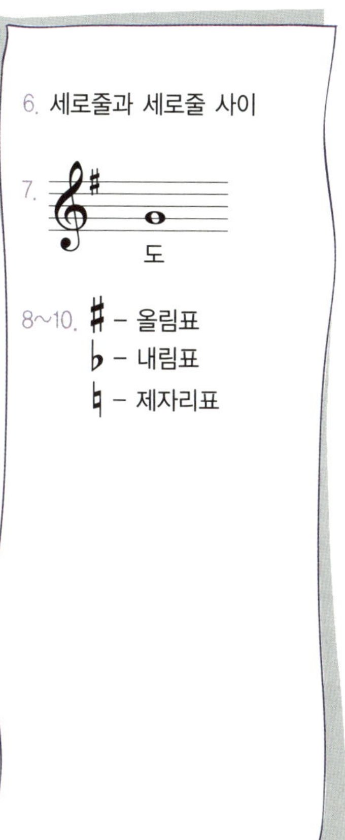

임시표

기호	우리나라 이름	영어 이름	뜻
♯	올림표	샤프	반음 올립니다
♭	내림표	플랫	반음 내립니다
♮	제자리표	내추럴	원래의 자리로 돌아갑니다

평가문제

월 일

점수

1. 다음 중 사장조의 조표는 어느 것입니까?( )

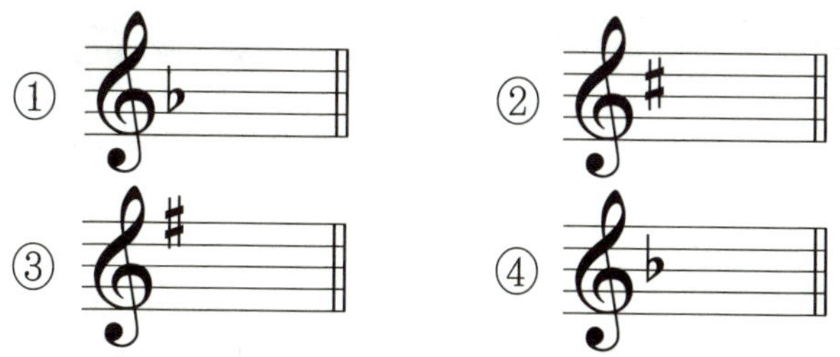

① ② ③ ④

2. ♪♪ 의 리듬기호는 어느 것입니까? ( )

① ∨ ② ∨ ③ \∨ ④ ∨

3. 다음 중 스타카토는 어느 것입니까? ⸻ ( )

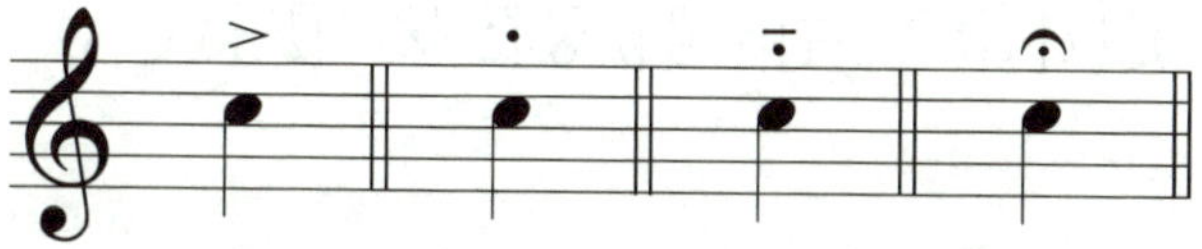

① ② ③ ④

6. 다음 중 길이가 가장 짧은 음표는 어느 것입니까? ⸻ ( )

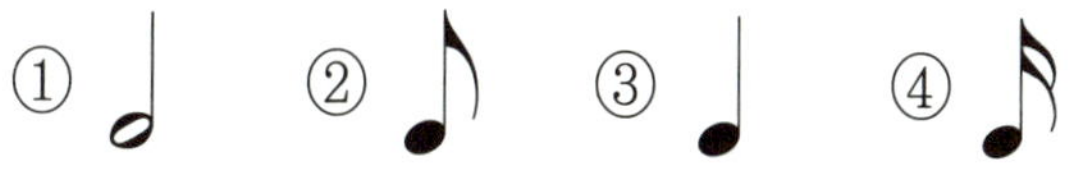

① ② ♪ ③ ④

7. 다음 중 $\frac{2}{4}$ 박자의 셈여림은 어느 것입니까? ⸻ ( )

① ② ③ ④

8. 다음 중 강박은 어디입니까? ⸻ ( )

① ② ③

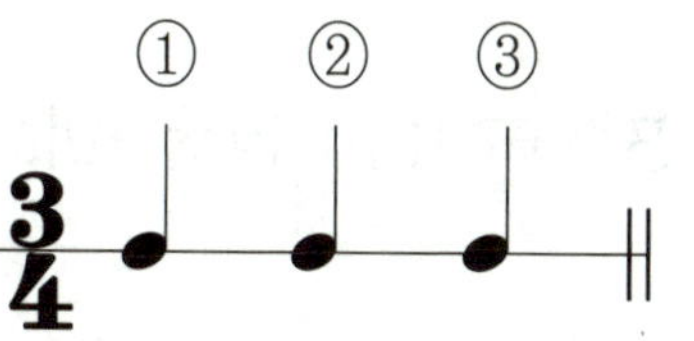

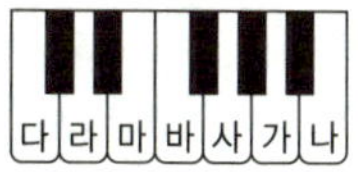

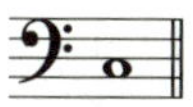

4. 다음 온음표에 알맞은 건반에 색칠해 보세요.

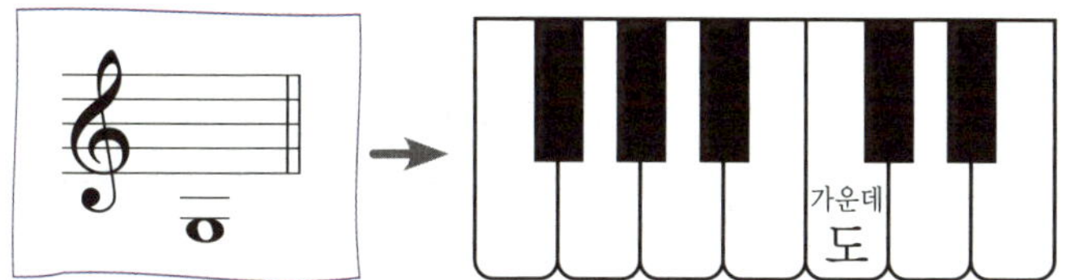

9. 다음 악기의 이름은 무엇입니까? ·········· (   )

① 징   ② 북

③ 꽹과리   ④ 장구

5. ◯ 안에 계이름을 써 보세요.

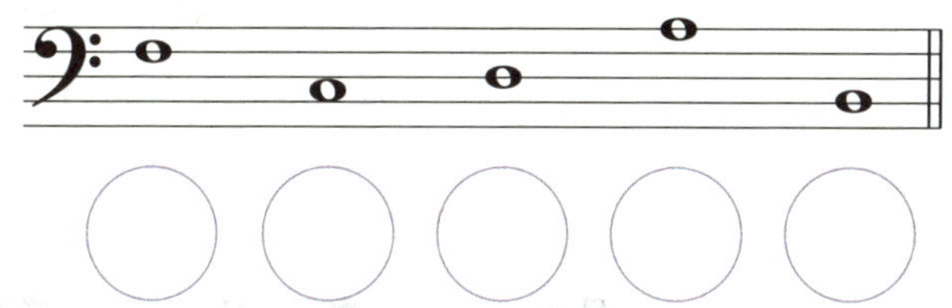

10. ◯ 안에 계이름을 써 보세요.

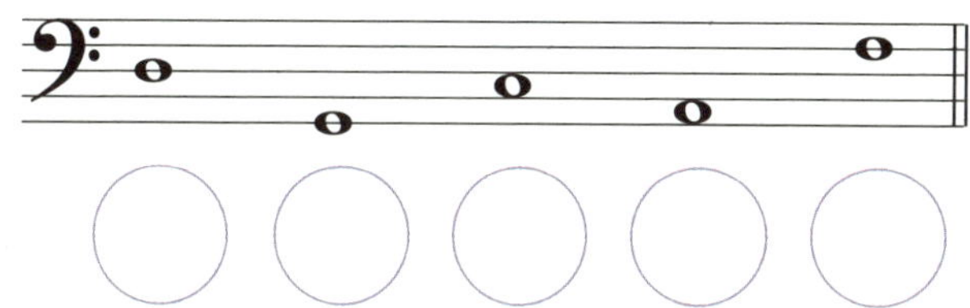

6. 음표 길이를 잘 생각해 봐~

7. $\frac{2}{4}$ 박자는 한 마디에
   4분음표가 2개 들어 있어!

8. ◉ ◯ ◯ ◯

9. 우리나라 민속악기 중 하나!

10.
도레미파솔라시도

음악의 신동은!

귀가 안들렸지만 훌륭한 곡을 작곡한 작곡가는!

짝짝짝짝! 드디어 첫번째 나라 통과! 이제 두번째 나라로^^

세바퀴 음악이론 평가문제 ①

발행인 남 용
편저자 일신음악연구회
발행처 일신서적출판사
주 소 서울시 마포구 신수동 177-3
등 록 1969년 9월 12일(No. 10-70)
전 화 02) 703-3001~5(영업부)
       02) 703-3006~7(편집부)
F A X 02) 703-3009

ISBN 978-89-366-2411-8
     978-89-366-2410-1(세트)

©ILSIN PUBLISHING Co. 2012.   정가 4,000원
www.ilsinbook.com

세바퀴 음악이론
평가문제 ①

◆ 선행 학습문제

제1회 1. ② 2. ④ 3. ② 4. ① 5. ①ⓛ, ②ⓒ, ③ⓒ 6. ③ 7. ② 8.① V ②VV
③ V ④ VV 9. ①♩ ②♪ ③♩. ④ ≷ 10. ①ⓛ, ②ⓒ

제2회 1. ③ 2. ① 3. 도, 미, 라, 솔, 도 4. 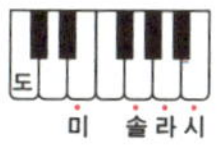 [건반 그림] 5. ①높은, ②낮은
6. ④ 7. ③ 8. ③ 9. 솔, 도, 파, 도, 미 10.① [건반 그림] ② [건반 그림]

제3회 1. ② 2. ①ⓒ, ②ⓛ, ③ⓒ 3. ④ 4. ③ 5. 도, 미, 솔, 파, 라
6.  [악보] 7. ② 8. ④ 9. ② 10. ①ⓒ, ②ⓛ, ③ⓒ

제4회 1. 라, 사 2. ①ⓛ, ②ⓒ 3. ③ 4. ④ 5. 장구, 꽹과리 6. ③ 7. ①→③→②→④
8. ② 9. 마디, 세로줄, 겹세로줄, 끝세로줄 10.①ⓛ, ②ⓒ

1회 1. ③ 2. ② 3. ④ 4. ③ 5. ④ 6. ② 7. ④ 8. ①
9. 높은음자리 10.  [악보]

2회 1. ③ 2. ④ 3. ① 4. ② 5. ② 6. ③ 7. ① 8. ①→ⓒ
②→ⓛ 9. ③ 10. ♩

3회 1. ② 2. ④ 3. ④ 4. 점4분 5. ④ 6. ④ 7. ③
8. 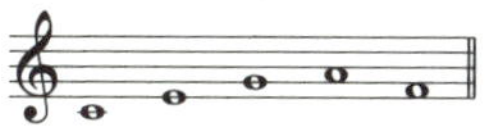 [악보] 9. 낮은음자리 10. 5, 4

4회 1. 라 2. ① 3. ② 4. ③ 5. 1, 2, 3, 4, 4 6. 라, 미 7. ③
8. ① 9. ③ 10. ①→ⓒ, ②→ⓛ

5회 1. ④ 2. ③ 3. V 4. \ 5. VV 6. 1, 2, 1, 2, 3, 4 7. ④
8. ④ 9. ♩. 10. ≷

6회 1. ③ 2. ② 3. ③ 4. ① 5. ③ 6. ④ 7. ④ 8. ②
9.  [악보] 10.  [악보]

7회 1. ④ 2. 솔, 도, 시, 레, 라 3. ①: V, ②: VV 4. ② 5. ①
6. ③ 7. ② 8. ② 9. 심벌즈 10. 큰북

8회 1. ③ 2. 미, 도, 레, 파, 시 3. ② 4. ④ 5. ② 6. ② 7. ③
8. ③ 9. ★★ 10. ★★★★

9회 1. 레, 파, 솔 2. ③ 3. ① 4. ④ 5. ③ 6. ① 7. ④ 8. 점2분
9. 장구 10. 꽹과리

10회 1.  [악보] 2. ② 3. ④ 4. ④ 5. ♩ 6. ♪
7. ② 8. ③ 9. ② 10. ④

11회 1. 도, 미, 솔, 도, 미 2. ① 3. ③ 4. ★★★ 5. ⓒ 6. ⓒ
7. ① 8. ③ 9. ② 10. ①

12회 1. ① 2. ④ 3. ③ 4. ③ 5. ⓒ 6. ⓒ 7. ②
8. ④ 9. ② 10. ②

13회 1. 레 2. ③ 3. ①→㉣, ②→㉡, ③→㉢, ④→㉠ 4. ★★★
5. ★☆ 6. ① 7. ③ 8. ㉢ 9. ㉠ 10. ㉡

14회 1. 도, 레, 파, 솔, 미 2. ② 3. ①→㉡, ②→㉠ 4. ③ 5. ③
6. ① 7. ①, ④, ②, ③ 8. ①→㉢, ②→㉠, ③→㉡ 9. (악보) 10. (악보)

15회 1. (악보) 2. ③ 3. ① 4. ④ 5. ② 6. ▬
7. ④ 8. ④ 9. ② 10. 라, 가

16회 1. ② 2. 라, 시, 도, 시, 라 3. 레, 파 4. ③ 5. ④ 6. ③ 7. ②
8. ①→㉢, ②→㉡, ③→㉠ 9. ㉡ 10. ㉠

17회 1. 솔, 도, 미, 파, 시 2. (악보) 3. ① 4. ③
5. ② 6. ② 7. 도, 레, 미, 파, 솔 8. ① 9. ★☆ 10. ★★★

18회 1. ② 2. ③ 3. ③ 4. 파, 미, 솔, 시, 솔 5. 솔, 미, 라, 파, 시
6. ② 7. ③ 8. ∨∨, ＼＼, ∨∨ 9. ♪ 10. ♩

19회 1. ② 2. ③ 3. 레, 도, 시, 라, 솔 4. ① 5. ①→㉡, ②→㉠
6. ① 7. ④ 8. ① 9. ㉡ 10. ㉠

20회 1. ④ 2. ④ 3. ④ 4. ①: 2분쉼표, ②: 온쉼표 5. ③
6. ② 7. ③ 8. ③ 9. ㉡ 10. ㉠

21회 1. ② 2. ① 3. ① 4. ④ 5. 8분쉼표 6. ④ 7. ①
8. ③ 9. ①→㉡, ②→㉢, ③→㉠ 10. 8분음표

22회 1. ① 2. ① 3. ③ 4. ① 5. 탬버린 6. ④ 7. ③ 8. ④
9. ③ 10. 장구

23회 1. 라, 마, 사, 나 2. ③ 3. ① 4. ① 5. 도 6. ③ 7. ③ 8. ①
9. ㉡ 10. ㉠

24회 1. ④ 2. ① 3. ② 4. ④ 5. 솔 6. ③ 7. ③ 8. ③
9. 4분쉼표 10. ★☆

25회 1. ① 2. ④ 3. (건반) 4. ㉠ 5. ㉡ 6. ① 7. ③
8. ② 9. ④ 10. 6

26회 1. 레, 파, 라 2. ① 3. ① 4. ④ 5. ▬· 6. ③ 7. ③
8. ② 9. ② 10. ♩

27회 1. ③ 2. ① 3. ③ 4. 라, 바, 가 5. 늘임표 6. ②
7. ② 8. ④ 9. ㉡ 10. ㉠

28회 1. ③ 2. ④ 3. ② 4. ③ 5. (악보) 6. ④ 7. ④ 8. ③
9. ① 10. ★★★★

29회 1. ② 2. 도, 레, 솔, 미, 파 3. ② 4. ① 5. 점4분쉼표
6. ① 7. (악보) 8. ㉠ 9. ㉢ 10. ㉡

30회 1. ③ 2. ③ 3. ② 4. (건반) 5. 파, 도, 레, 라, 시 6. ④
7. ③ 8. ① 9. ③ 10. 레, 솔, 도, 라, 파